Quilten für Weihnachten

25 farbenfrohe Projekte von Laurel Burch

Text und Konzept © 2004 C&T Publishing
Konzept © 2004 Laurel Burch
Redaktion: Cyndy Lyle Rymer, Lynn Koolish
Technische Redaktion: Catherine Comyns, Katrina Lamken, Gael Betts
Lektorat: Katrina Lamken, Sarah Sacks Dunn, Susan Nelsen
Gestaltung Umschlag: Kristy A. Konitzer
Gestaltung Inhalt: Kristy A. Konitzer
Illustrationen: Mary Ann Tenorio, Nancy Lorenz
Produktion: Kirstie L. McCormick
Fotos: alle Fotos von Diane Pedersen, Kirstie McCormick und Luke Mulks außer den angegebenen Ausnahmen

Veröffentlicht bei C&T Publishing, Inc., Lafayette, California, USA
Umschlagfoto vorn: Santa Paws Pillow, hergestellt von Barbara Baker und Jeri Boe in Bend, Oregon, USA
Umschlagfoto hinten: Surprise-A-Day Tree Calendar, hergestellt von Catherine Comyns in Pleasant Hill, California, USA

Im Haus der Familie Richardson durften wir im Juli Weihnachten zelebrieren, Danke dafür. Danke auch den Supermodels Megan und Mickey sowie Franki und Mendelssohn Kohler.

Deutsche Ausgabe:
© 2005 Verlag Th. Schäfer im Vincentz Network, Hannover
„Quilten für Weihnachten“
Übersetzung: Dorothea Oberberg, Berlin
Redaktion: Christa Weber, Bonn
Lektorat: Joachim F. Baumhauer
Gestaltung: Kerker + Baum, Hannover
Druck und Bindung: Eurografica S.p.A., Marano Vicentino/Italien

ISBN 3-87870-582-4
Best.-Nr. 9316

Verlag Th. Schäfer im Vincentz Network
Postfach 6247, 30062 Hannover

Besuchen Sie uns im Internet: www.th-schaefer.de

Originally published by C&T Publishing, Inc.
P.O.Box 1456
Lafayette, CA 94549
www.ctpub.com

Für meine wunderschönen Mädchen
Aarin, Melonie und Karly,
die jedes kleinste Stückchen Geschenkband,
Schleifen und Verzierungen lieben –
Dinge, mit denen ich viel Zeit verbringe,
wenn ich meine kreativen Zauberkräfte wecke ...
Anerkennung ist die schönste Inspiration!

Für Rick Sara, meinen Lebensgefährten, der mir
jeden Tag so viel herzerfrischende Freude bringt,
und für C&T, den Inbegriff eines Verlags,
der Ideen und kleine Wunder zur Freude aller
Wirklichkeit werden läßt.

Segenswünsche

Laurel Burch

Inhalt

A Season of Blessings

Counting blessings and expressing gratitude can happen in many ways.

When I paint, it is my way of doing this... Inspired to express deep appreciation for the beauty, abundance, and sacredness of life, my art brings this desire to it's fullest fruition.

Some paintings, like this one are like little offerings to the world in a kind of global language – the bird symbolizing peace and harmony, loving arms holding all living beings in a safe place.

When I finish these little offerings I close my eyes and send them off to you.. that they may touch your heart in a way that you, too, will want to pass them on in the world as a gesture of appreciation and gratitude for someone else.

May love and peace be with you.

Laurel

Gesegnete Weihnachtszeit

Es gibt unterschiedliche Wege, Zuspruch anzunehmen und Dankbarkeit zu zeigen.
Mein Weg ist die Malerei ... Meine tief empfundene Dankbarkeit für die Schönheit, Fülle und Unantastbarkeit des Lebens kann ich am besten mit meiner Kunst zum Ausdruck bringen.
Einige Bilder, wie dieses, sind wie kleine Opfergaben an die Welt, in einer Sprache, die jeder versteht – der Vogel als Sinnbild für Frieden und Harmonie, und liebende Arme, die alle Lebewesen in sicherer Umarmung halten.
Wenn ein Bild fertig ist, schließe ich meine Augen und schicke diese kleinen Gaben in die Welt, zu Ihnen. Möge Ihre Seele berührt werden und in Ihnen der Wunsch entstehen, die Gabe weiter in die Welt zu senden, als Zeichen Ihrer Anerkennung und Dankbarkeit.
Liebe und Frieden sei mit Ihnen. Laurel.

Peace
Laurel Burch

Fertigmaß des Quilts : 135 cm x 196 cm/53 inch x 77 inch

Mit der Maschine appliziert und gequiltet von Christine Taylor, Pleasanton, CA, USA, 2003.
Die Stoffe sind ein großzügiges Geschenk von Marcus Brothers. Foto: Sharon Risedorph

Herrliche Geschenke

Sie brauchen:

- **Grauer Druckstoff:** 185 cm/2 yard für die Zwischenstreifen der Blöcke
- **Verschiedene leuchtend bunte Stoffe für die Geschenkblöcke:**
- Blau: 50 cm/½ yard
- Violett: 50 cm/½ yard
- Rot: 100 cm/1 yard
- Gold: 75 cm/¾ yard
- Blaugrün: 100 cm/1 yard
- Schwarz: 50 cm/½ yard
- Schwarzer Druckstoff: 50 cm/½ yard
- Orange: 75 cm/¾ yard
- Blaurot: 100 cm/1 yard
- Grün: 25 cm/¼ yard
- Bronzefarben: 15 cm/⅛ yard
- Weiß: 25 cm/¼ yard für Taube und Katzenaugen
- **Rückseite:** 300 cm/3⅛ yard
- **Einfassung:** Stoffreste entsprechend 50 cm/½ yard
- **Vlies:** 145 x 206 cm/57 x 81 inch
- **Haftvlies:** 275 cm/3 yard
- **Garn:** Schwarz und metallisches Gold, Rot und Rosa
- **Metallische Goldborte:** 735 cm/8 yard
- **Schwarze Borte:** 310 cm/3⅜ yard
- **Knöpfe mit einem Durchmesser von 1,25 cm bis 1,9 cm/½ bis ¾ inch:** 21 rote für die Ilexbeeren, 1 schwarzer für das Taubenauge
- **Stoffmalfarben:** Schwarz, Rot, Blaugrün und metallisches Gold

(die Maßangaben in cm entsprechen nicht den exakt umgerechneten Maßen in inch, da für die Nahtzugaben bei der metrischen Version mehr Stoff benötigt wird)

Zuschneiden:

Bevor Sie dieses oder ein anderes Projekt beginnen, lesen Sie zuerst das Kapitel „Tips und Techniken für Applikation und Verzierung“ auf Seite 72.

Grauer Stoff: Schneiden Sie die Stoffstreifen, die jeden Geschenkblock umrahmen, nach den Angaben zu, die im Diagramm „Zuschnitt und Nähreihenfolge“ auf Seite 9 stehen.

Verschiedene leuchtend bunte Stoffe: Schneiden Sie den Basisstoff für jeden einzelnen Block nach den Maßen zu, die im Diagramm „Zuschnitt und Nähreihenfolge“ angegeben sind.

Die Zahlen geben immer die Schnittgröße an, die Nahtzugabe ist inbegriffen. Wir empfehlen Ihnen, den Basisblock-Stoff etwas größer als angegeben zu schneiden und erst nach erfolgter Applikation, Bemalung und Verzierung auf das angegebene Maß zurückzuschneiden.

Stoffreste: Für die Einfassung werden Stoffstreifen 4,75 cm/ 1¾ inch breit zugeschnitten, bis zur Gesamtlänge von 690 cm/ 270 inch. Die Enden im 45°-Winkel beschneiden.

Stoff für die Applikationen: Je nach Bedarf zuschneiden.

Tips für „Herrliche Geschenke“:

Der Quilt wird in 5 Abschnitten zusammengenäht.

1. Sie können die Vorlagen auf den Seiten 10–12 entweder gleich zu Beginn auf 500 % vergrößern oder die Muster nur als Richtlinie nutzen, wie Sie die verschiedenen Elemente plazieren können. Lesen Sie die Anleitungen auf Seite 72–73 über Maschinenapplikation mit Haftvlies. Übertragen Sie alle Musterteile auf das Haftvlies. Bringen Sie das Haftvlies auf die Rückseite des Applikationsstoffes auf, und schneiden Sie die Formen aus.
2. Schützen Sie Ihren Arbeitsplatz, bevor Sie die Details mit Textilfarben auf die Blöcke malen. Malen Sie vor dem Applizieren der Motive auf den Basisstoff. Lassen Sie die Farbe durchtrocknen.
3. Für jeden Block: Nähen Sie das Patchworkmuster entweder mit der Maschine, oder malen Sie es mit Textilfarben auf den Basisstoff.
4. Fügen Sie die gemalten geometrischen Formen und Muster, Einzelheiten und Verzierungen hinzu.
5. Applizieren Sie dekorative Motive wie Schleifen und Tiere mit Haftvlies.
6. Beim Applizieren mit der Nähmaschine arbeiten Sie mit dekorativem Garn und einfachem Zickzackstich oder einem Stickstich um jede Form herum. Nähte lassen sich mit hübschen Bändern verdecken.
7. Nähen Sie um jeden fertigen Block Streifen aus dem grauen Stoff und schneiden ihn auf die angegebenen Maße zurück. Ordnen Sie die Blöcke an und nähen sie zu den Einheiten zusammen.
8. Die 5 Einheiten zum Quilttop zusammennähen.
9. Mit Haftvlies fügen Sie schmückende Details hinzu, die über den einzelnen Block hinausragen. Bringen Sie noch mehr Verzierungen mit der Maschine und dekorativen Fäden auf das Quilttop.
10. Legen Sie die drei Lagen Quilttop, Vlies und Rückseite aufeinander und fixieren sie mit Stecknadeln oder Heftstichen.
11. Quilten Sie nach Ihrem Geschmack. Auf das Fertigmaß zurechtschneiden. Die Einfaßstreifen schräg zusammennähen und den Quilt damit schließen.
12. Die Knöpfe für die Ilex-Beeren und das Taubenauge aufnähen.

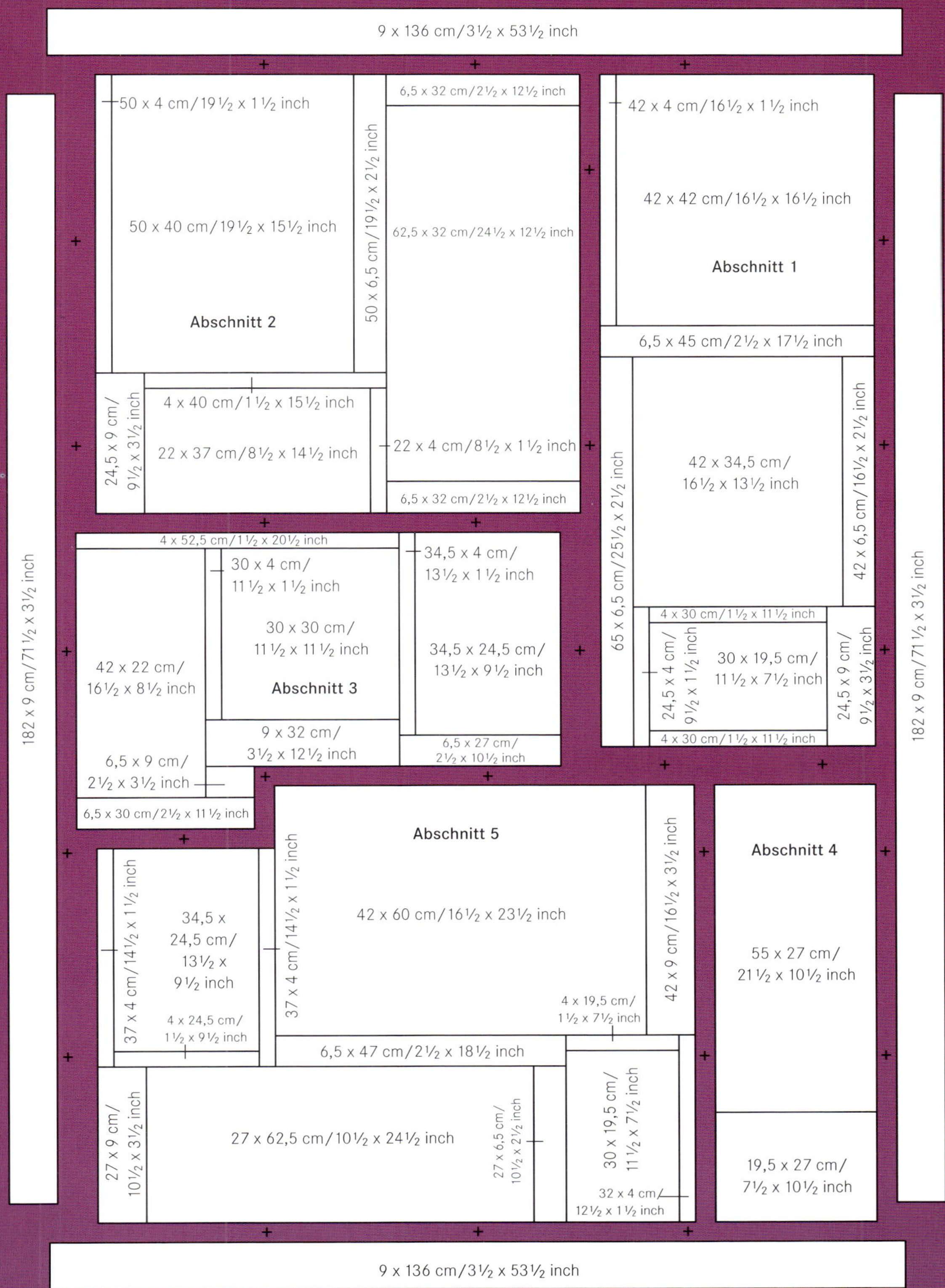

Zuschnitt und Nähreihenfolge

Herrliche Geschenke

Abschnitt 1

oben

Abschnitt 4

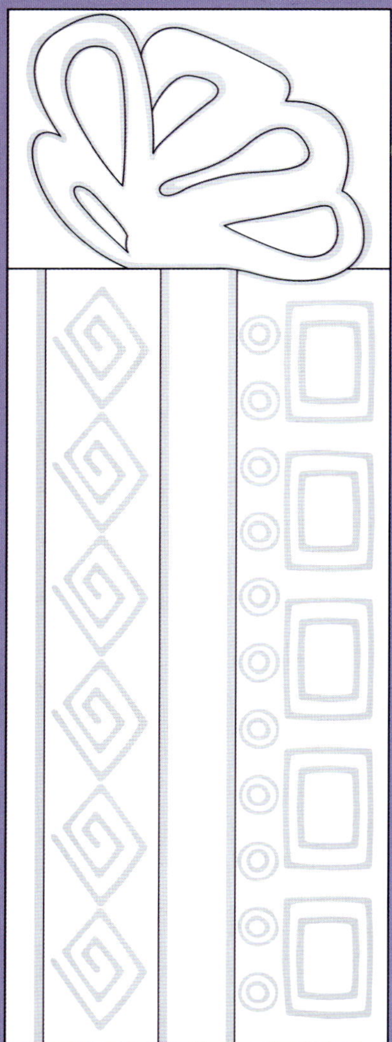

Auf 500 % vergrößern

Auf 500 % vergrößern

Abschnitt 3

Abschnitt 2

Abschnitt 5

Auf 500 % vergrößern

„Jeden Tag eine Überraschung“ Baumkalender

Fertige Größe des Quilts: 110 cm x 105 cm/43 inch x 41 inch

Maschinenapplikation, gequiltet und dekoriert von Catherine Comyns, Pleasant Hill, California/USA, 2003.
„Shimmer“-Stoffe sind ein großzügiges Geschenk von Marcus Brothers.

Sie brauchen:

- Grüner Stoff: 125 cm/1¼ yard für den Hintergrund (250 cm/2½ yard zum Zusammensetzen des Hintergrunds, wenn der Stoff nicht mindestens 105 cm/42 inch breit liegt)
- Grünkarierter Stoff: 250 cm/2½ yard für die Rückseiten der Ornamente, die Quiltrückseite und die Einfassung
- Baumwoll-Lamé: 100 cm/1 yard insgesamt in verschiedenen Farben für Geschenktaschen und Bänder
- Schwarzer Stoff: 100 cm/1 yard für den Hintergrund der Ornamente
- Verschiedene Stoffe in kräftigen Farben, gemustert und uni, für die Ornamente, insgesamt 100 cm/1 yard
- Vlies: 120 cm x 115 cm/47 inch x 45 inch
- Haftvlies: 200 cm/2 yard
- Zackenschere oder Rollschneider mit Zackenklinge
- Mehrfarbiges metallisches Garn für dekorative Nähte
- Metallisches Goldband, 0,65 cm/¼ inch breit: 185 cm/2 yard zum Befestigen der Ornamente
- Metallisches Goldband, 1,25–1,9 cm/½–¾ inch breit: 825 cm/9 yard für Schleifen an den Geschenktaschen
- Goldene Stern-Pailletten
- Verschiedene metallische Perlen
- Stoffmalstift oder Stoffarbe in Gold

Zuschneiden:

Bitte lesen Sie das Kapitel „Tips und Techniken für Applikation und Verzierung“ auf Seite 72, bevor Sie ein Projekt beginnen.

Grün: für den Baum ein Rechteck 112 cm/44 inch breit und 107 cm/42 inch hoch (wenn nötig, zusammensetzen).
Baumwoll-Lamé: Nach den Angaben im Diagramm „Zuschnitt und Nähreihenfolge“ (Seite 17) 25 Taschen aus verschiedenen metallisch glänzenden Baumwoll-Laméstoffen.
Aus den Laméstoffen zehn 2 cm/¾ inch breite Streifen für die Geschenkbänder.

Grünkarierter Stoff: 4 Streifen in 6,5 cm/2½ inch Breite und zur Gesamtlänge von 380 cm/150 inch für die Einfassung zusammennähen.
Stoff zum Applizieren: Nach Bedarf.

So nähen Sie den Baumkalender:

1. Vergrößern Sie die Vorlagen der Seiten 18 und 19 auf 150 % bevor Sie mit der Arbeit beginnen. Lesen Sie die Anleitungen für Maschinenapplikation mit Haftvlies auf den Seiten 72 und 73. Alle Musterteile auf das Haftvlies übertragen. Das Haftvlies auf die Rückseite des Stoffs aufbringen. Die Formen ausschneiden.

2. Falten Sie einen 112 cm/44 inch breiten und 107 cm/42 inch hohen Bogen Papier der Länge nach zur Hälfte. Zeichnen Sie am oberen Ende des Bruchs einen Punkt und einen zweiten 56 cm/22 inch von der Bruchlinie entfernt auf der unteren Kante. Verbinden Sie die beiden Punkte und bilden so das halbe Dreieck der dreieckigen Baum-

form. Für die Baumschablone schneiden Sie an der gezeichneten Verbindungslinie entlang.
Zeichnen Sie die Baumform auf den grünen Batikstoff, schneiden aber noch nichts aus.

3. Bei allen 25 Taschen werden die Seitenkanten und die untere Stoffkante 0,65 cm/¼ inch breit nach innen eingeschlagen und leicht geplättet. An der Oberkante falten Sie den Stoff einmal 1 cm/3/8 inch nach innen und noch einmal 1 cm/3/8 inch, dann nahe der Kante festnähen.
4. Für die Geschenkbänder plätten Sie die langen Kanten der Laméstreifen nach hinten, so daß sie sich auf der Rückseite in der Mitte des 2 cm/¾ inch breiten Streifens treffen. Stecken Sie die geplätteten Lamé-Geschenkbänder vorn auf jede Geschenktasche auf und schneiden sie in Länge und Breite auf die Größe der Taschen zu. Nah an den umgebügelten Kanten aufnähen. Eine Sternpaillette und Perle dort aufsticken, wo sich die Geschenkbänder kreuzen.
5. Alle Taschen laut Plan auf Seite 17 auf das Quilttop stecken. Mit Ziergarnen die Taschen auf den grünen Batikstoff des Baums aufnähen. Steppen Sie auf einer Taschenseite nach unten, dann quer über die Unterseite, und dann nach oben hin auf der anderen Seite. Die obere gesäumte Kante bleibt offen.
6. Legen Sie das Quilttop auf Vlies und Rückseite und fixieren die Lagen mit Stecknadeln oder Heftstichen.
7. Quilten Sie um jede Geschenktasche herum. Vorsicht – nicht die Tasche dabei zunähen!
8. Den Baum auf die gezeichnete Dreiecksform zurechtschneiden und einfassen.
9. Den schwarzen Stoff mit Haftvlies auf 95 cm/1 yard des grünkarierten Rückseitenstoffs der Ornamente bringen. Die Umrisse der Ornamente auf das Haftvlies auf der Rückseite der bunten Druckstoffe und Unis übertragen. Die Formen ausschneiden und auf den schwarzen Stoff aufbringen. Mit dekorativen Garnen applizieren Sie die Formen mit der Maschine. Mit einer Zackenschere oder einem Zackenrollschneider schneiden Sie den schwarzen Hintergrundstoff im Abstand von 0,65 cm/¼ inch um das Ornament ab. Mit einem Stoffmalstift in Gold oder goldener Stoffarbe verzieren Sie den schwarzen Hintergrund der Ornamente und ihre gezackte schwarze Kante. Nähen Sie Perlen und Pailletten auf, um Augen und andere Merkmale zu betonen. Stellen Sie 25 Ornamente in verschiedenen Größen her, die in die 25 Geschenktaschen passen.
10. Stecken Sie jedes Ornament auf die Außenseite der zugehörigen Tasche. Schneiden Sie von dem schmalen goldenen Geschenkband ungefähr 5 cm/2 inch ab, damit es von ca. 1,25 cm/½ inch unterhalb der Oberkante vom Ornament bis ca. 1,25 cm/½ inch über den oberen Rand der jeweiligen Geschenktasche reicht. Die drei Herzen, Kugeln und Schmetterlinge werden zusammen auf ein längeres Stückchen Band genäht. Legen Sie die Nahtzugabe von 0,65 cm/¼ inch um und nähen mit der Hand ein kurzes Ende des Bändchens an die Rückseite des Ornaments an. Stecken Sie das Ornament in seine Tasche. Zerschneiden Sie das breite goldene Geschenkband in ca. 30 cm/12 inch lange Stücke. Binden Sie aus jedem Stück eine Schleife. Ungefähr 1 cm/3/8 inch über der Taschenoberkante wird jede Schleife und gleichzeitig auch die gefaltete Kante am oberen Ende des schmalen Bändchens vom Ornament angenäht. Verzieren Sie den Baum mit Pailletten und Perlen.

Foto: Garry Gay

„Jeden Tag eine Überraschung" Baumkalender

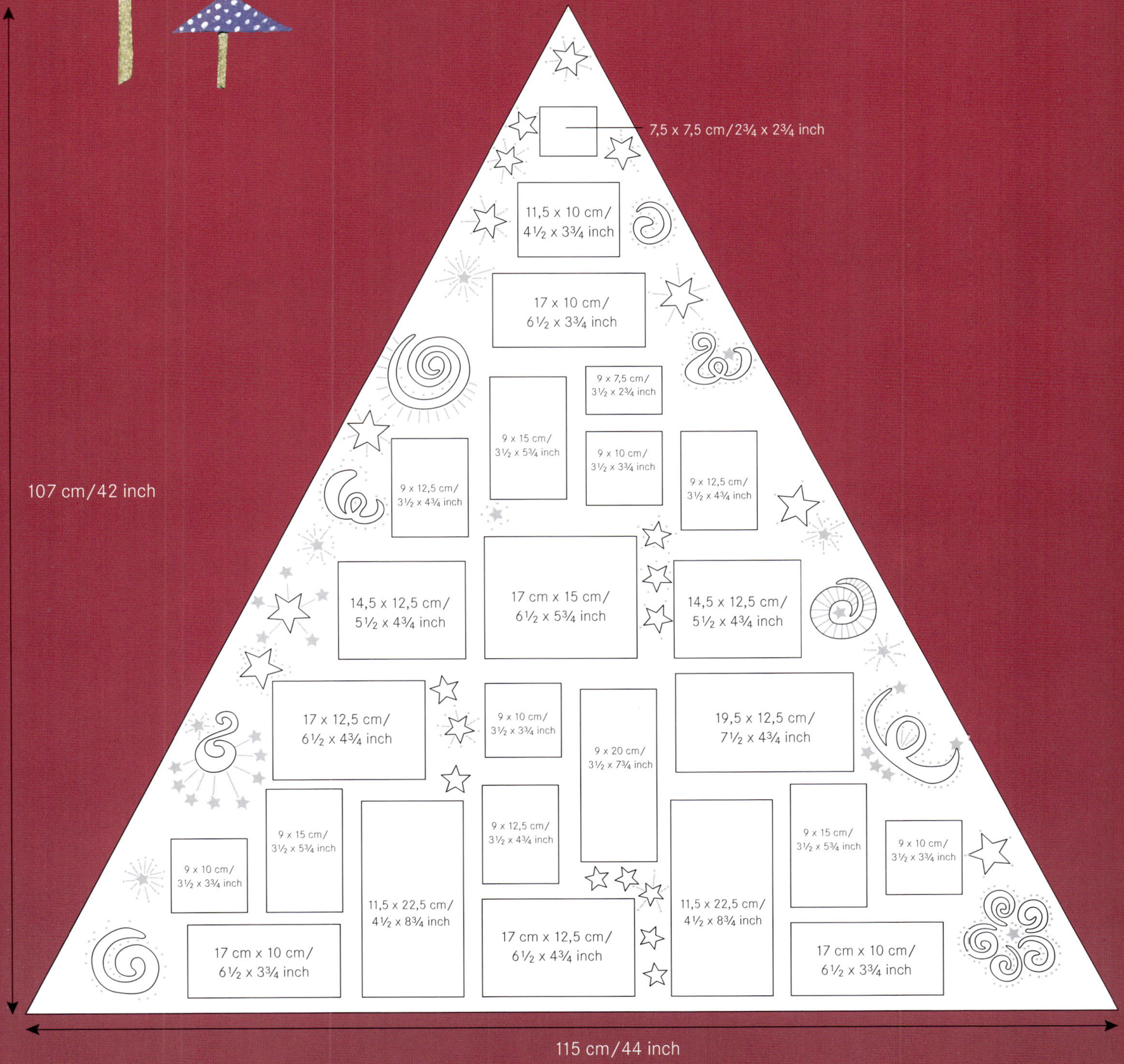

Auf 150 % vergrößern

Auf 150 % vergrößern

PEACE

Friedensmond

Fertigmaß des Quilts: 46 x 66 cm/18 x 26 inch

Nähmaschinenapplikation, gequiltet und dekoriert von Cyndy Lyle Rymer, Danville, California/USA, 2003.
„Shimmer"-Stoffe sind ein großzügiges Geschenk von Marcus Brothers. Das silberne Flechtband stellte uns Kreinik Mfg. Inc. zur Verfügung.

Sie brauchen:

- Dunkelblau: 150 cm/1 1/2 yard für den Hintergrund, die Rückseite und die Einfassung.
- Silber: 1 Quilters Viertel/1 fat quarter für den Mond und die Sterne
- Blaurot oder abgestuftes Rot: 15 cm/1/8 yard für die Ränder
- Stoffreste: Gelb, Blaurot, mehrere Grüntöne, Violett, Orange, Blau, Blaugrün, Türkis und Weiß für Buchstaben und zusammengesetzte Randstücke
- Vlies: 60 cm x 80 cm/22 x 30 inch
- Haftvlies: 95 cm/1 yard
- Garne für die Zierstickerei: metallisches Silber, Gelb, Blaurot und Türkis
- Stoffarbe in Silber
- Option: 370 cm/4 yard silbernes Flechtband in 0,35 cm/1/8 inch Breite für die Umrisse der Buchstaben
- Schwarzer Stoffmarker
- Stoffarben: Blaurot, Gelb, Orange und Silber

Zuschneiden:

Lesen Sie das Kapitel Tips und Techniken für Applikation und Verzierung auf Seite 72, bevor Sie dieses oder ein anderes Projekt beginnen.

Dunkelblau: 1 Rechteck 37 cm x 60 cm/14 1/2 inch x 23 1/2 inch für die Basis des Quilts zuschneiden.
3 Streifen 6,5 cm/2 1/2 inch breit zuschneiden und auf eine Gesamtlänge von 280 cm/110 inch für die Einfassung zusammennähen.

Blaurot: 1 Streifen 5,5 cm x 60 cm/2 inch x 23 1/2 inch für den linken Seitenrand zuschneiden.
1 Streifen 6,5 cm x 65 cm/2 1/2 inch x 25 1/2 inch für den rechten Seitenrand zuschneiden.
1 Streifen 4 cm x 41 cm/1 1/2 inch x 16 inch für den inneren unteren Rand zuschneiden.

Orange: 1 Streifen 4 cm x 29,5 cm/1 1/2 inch x 11 1/2 inch für den oberen Rand zuschneiden.

Türkis: 1 Streifen 4 x 16,75 cm/1 1/2 x 6 1/2 inch für den oberen Rand zuschneiden.

Blaugrün: 1 Streifen 4 cm x 46 cm/1 1/2 inch x 18 inch für den äußeren unteren Rand zuschneiden.
Stoff für Applikation: nach Bedarf zuschneiden.

So nähen Sie den Friedensmond:

1. Eine Vorlage in Originalgröße befindet sich auf dem Musterbogen. Lesen Sie die Arbeitsanleitungen fürs Applizieren mit Nähmaschine und Haftvlies auf Seite 72. Übertragen Sie alle Musterteile auf das Haftvlies, wie in den Arbeitsanleitungen auf Seite 73 beschrieben.
2. Schützen Sie Ihre Arbeitsfläche, bevor Sie mit dem Malen beginnen. Folgen Sie beim Malen den dicken grauen Linien auf der Vorlage, bevor Sie die Applikationsformen auf den Hintergrund plätten. Die Farbe gut trocknen lassen.
   Achtung: Malen Sie die silbernen Punkte erst zum Schluß auf, nach dem Zusammennähen des Quilttops.
3. Zeichnen Sie alle Details mit zarten Strichen auf die Applikationsformen, das Mondauge und die Vogelfedern.
4. Der Vogel in der linken unteren Ecke ist aus blaugrünem Stoff. Bemalen Sie ihn mit einem Schwamm in Gelb, Orange und Violett. Wenn die Farbe getrocknet ist, bringen Sie einen weißen Schnabel mit Haftvlies an und fügen Einzelheiten mit dem schwarzen Stoffmarker dazu. Gestal-

ten Sie den Flügel des Vogels in der rechten unteren Ecke aus blauem Stoff und bemalen ihn in Gelbgrün und Gelb.

5. Legen Sie die Blütenblätter übereinander und verbinden sie mit Haftvlies.
6. Bügeln Sie die grünen Ranken und Ilexblätter auf die rechte untere Seite des Mondes. Lassen Sie das Trägerpapier noch an den Teilen der Ranken und Blätter stehen, die über den Rand hinausgehen. Sie werden erst festgeplättet, wenn der Rand angenäht ist. Die Lippen aufbringen. Die Wimpern mit Stielstichen aus dickem silbernem Garn aufsticken oder silbernes Bändchen mit Überfangstichen aufnähen. Um das Auge zu betonen, sticken Sie mit Stielstich einen schwarzen Bogen über die Wimpern. Kleben Sie die Blüten auf dem Mond in Position.
7. Nähen Sie das Quilttop zusammen. Den linken Rand an den marineblauen Untergrundstoff nähen.
   Nähen Sie die orange und türkis Streifen schräg aneinander und nähen ihn an der oberen Quiltkante an.
   Nähen Sie den inneren unteren Rand an, den Rand an der rechten Seite und den äußeren unteren Rand.
8. Kleben Sie den Mond in Position. Jetzt auch die Enden der Ranken und Blätter festkleben.

9. Die Vögel auf den Hintergrundstoff kleben. Geben Sie den Vögeln mit Stielstich oder schmalem Plattstich gestickte Füße und Beine.
10. Kleben Sie die Buchstaben und Sterne auf. Verstärken Sie die Umrisse der Buchstaben mit silbermetallischem Stickgarn in Zickzackstich oder mit silbernem selbstklebendem Flechtband um jeden Buchstaben herum.
11. Legen Sie das Quilttop, Vlies und Rückseite übereinander und fixieren die Lagen mit Stecknadeln oder Heftstichen.
12. Um Mond, Sterne, Blätter, Ranken, Buchstaben, Vögel und Blüten quilten. Im Rand dem Quiltmuster folgen, das im Foto rechts zu sehen ist.
13. Auf die gewünschte Größe zurechtschneiden und einfassen.
14. Kleine silberne Farbtupfen um den Mond, die Sterne und die Buchstaben anbringen.

Schatztruhe

Sie brauchen:

- Schachtel in beliebiger Größe aus Holz oder Papiermaché
- Kleine Sterne aus Holz, in Bastelläden erhältlich
- Marineblaue Sprühfarbe
- Silberne Sprühfarbe
- Malerkreppband
- kleiner Schaumstoffpinsel
- silberne Acrylfarbe
- weißer Klebstoff oder Heißklebepistole
- neuer Bleistift

Dies ist ein leicht anzufertigendes Projekt, das Spaß macht: eine Schatzkiste für die Schätze eines kleinen Kindes oder für Ihre eigenen Kostbarkeiten. Man braucht nichts weiter als eine unbehandelte Holzschachtel, etwas Sprühfarbe und rohe Holzsterne.

Arbeitsanleitung:

1. Alle Metallteile entfernen oder mit Kreppband abdecken.
2. Die ganze Schachtel mit der marineblauen Farbe einsprühen. Trocknen lassen.
3. Die Sterne mit der silbernen Farbe besprühen. Trocknen lassen.
4. Halten Sie das Silberspray etwa 5 cm/2 inch von der Holzschachtel entfernt und sprühen vorsichtig. Sie wollen die blaue Farbe nicht völlig bedecken, sondern nur kleine silberne Pünktchen aufbringen. Trocknen lassen.
5. Mit dem Radiergummi des neuen Bleistifts und der silbernen Acrylfarbe stempeln Sie kleine Punkte entlang der Schachtelseiten. Malen Sie Spiralen auf.
6. Die Sterne auf die Schachtel kleben.
7. Die Metallteile wieder anbringen.
8. Füllen Sie die Truhe mit Ihren kostbarsten Schätzen.

Der Quilt ist 71 cm x 51 cm/28 inch x 20 inch groß.

Maschinenapplikation und Patchwork, Quilten und Dekoration von Nancy Odom, Westfield, Indiana/USA, 2003. Die Stoffe sind ein großzügiges Geschenk von Benartex Inc.. Das *Radiance „Frize"* Garn wurde von Quilter's Resource, Inc. großzügig zur Verfügung gestellt. Foto: Garry Gay

Gesegnetes Dorf

Sie brauchen:

- Schwarzer Batikstoff: 50 cm/½ yard für den Hintergrund
- Verschiedene gemusterte und einfarbige Stoffe in kräftigen Farben für die Ornamente, insgesamt 95 cm/1 yard
- Rückseite: 75 cm/¾ yard
- Einfassung: 25 cm/¼ yard
- Vlies: 85 cm x 62 cm/32 inch x 24 inch
- Haftvlies: 180 cm/2 yard
- Radiance „Frize“ Garn (siehe Bezugsquellen): 9 m/10 yard in 0,35 cm/⅛ inch Breite in den Farben Gold, Grün, Schwarz oder metallisch goldenes Band
- metallisch schwarzes Band: 13,5 m/15 yard in 0,35 cm/⅛ inch Breite
- goldene Stiftperlen, 4,5 mm: 20 Stück
- Verschiedene bunte Perlen in allen Größen: 150 Stück.
- Wahlweise: Goldperlen, 2 mm: 200 Stück
- Feiner Stoffmalstift in Metallisch-Gold

Zuschneiden:

Bitte lesen Sie das Kapitel Tips und Techniken für Applikation und Verzierung auf Seite 72, bevor Sie dieses oder ein anderes Projekt beginnen.

Schwarz: Ein Rechteck der Größe 62cm x 42 cm/24¼ inch x 16¼ inch für den Hintergrund zuschneiden.

Verschiedene Stoffe, gemustert und uni: 2 Streifen 2,75 cm x 42 cm/1 inch x 16¼ inch groß für die inneren Seitenränder

2 Streifen 6,75 cm x 42 cm/2½ inch x 16¼ inch groß für die äußeren Seitenränder

2 Streifen 2,5 cm x 74 cm/⅞ inch x 29 inch groß für die inneren Kanten oben und unten

2 Streifen 6,75 cm x 62,5 cm/2½ inch x 24½ inch groß für die äußeren Kanten oben und unten

2 Streifen 2,75 cm x 6,75 cm/1 inch x 2½ inch groß für den oberen und unteren äußeren Zwischenstreifen

4 Quadrate der Größe 6,75 cm x 6,75 cm/2½ inch x 2½ inch groß für die Eckquadrate

Applikationsformen je nach Bedarf zuschneiden.

Einfassung: 3 Streifen 6 cm/2¼ inch breit zuschneiden und auf eine Gesamtlänge von 275 cm/106 inch zusammennähen.

Arbeitsanleitung für das Gesegnete Dorf

1. Eine Vorlage in Originalgröße finden Sie auf dem Musterbogen. Lesen Sie die Arbeitsanleitungen fürs Applizieren mit der Maschine und Haftvlies auf Seite 72–73. Übertragen Sie alle Musterteile auf das Haftvlies.
2. Schützen Sie Ihre Arbeitsfläche, bevor Sie mit dem Malen beginnen. Malen Sie, bevor Sie die Applikationen auf den Hintergrundstoff aufbügeln. Die Farbe gut trocknen lassen.
3. Wenn das Haftvlies auf die Rückseite des Stoffs aufgebracht ist, die Formen ausschneiden. Die Formen aufkleben und mit der Maschine auf den Hintergrund applizieren.
4. Aus metallischen Garnen nähen Sie Einzelheiten auf die Tiere und Gebäude. Nähen Sie metallisches Bändchen um jede Form herum. Verzieren Sie die Formen mit Perlen.
5. Folgen Sie beim Malen mit dem Stoffmalstift in metallischem Gold den dicken grauen Linien auf der Vorlage und fügen die Details an den Rändern, Gebäuden, Tieren und im Vordergrund ein.
6. Das Quilttop, Vlies und Rückseite übereinander legen. Mit Stecknadeln oder Heftstichen die Lagen befestigen.
7. Quilten Sie nach Ihrer eigenen Vorstellung. Auf das Fertigmaß zurechtschneiden und einfassen.
8. Option: Mit Handstichen aufgenähte Goldperlen bringen noch mehr Glanz auf den Quilt.

Kindred Spirits
... Another soul
resonating with yours
— A dance of life between beings.
At Christmas time
all my animals are lovingly tied
with ribbons and bows, bells and
bright red holly berries and leaves.
Their steps are more lively!
They know it is a special time
and companions like my beloved
dog Matisse know they are part of it!
Let all hearts be merry and bright!
♡ love, Laurel

♡ this image was inspired by
my cat, Tiger and
my black Lab, Matisse...
who both bring such great
joy to me, every day!

Seelenverwandtschaft

Harmonische Schwingungen
klingen in einer anderen Seele wieder –
Tanz des Lebens zwischen Lebewesen.

In der Weihnachtszeit
schmücke ich all meine Tiere liebevoll
mit Bändern und Schleifen, Glöckchen und den
leuchtend roten Ilex-Beeren und -Blättern.
Ihre Schritte sind lebendiger!
Sie wissen, dies ist eine besondere Zeit,
und Kameraden wie mein geliebter
Hund Matisse wissen, daß sie dazu gehören!
Mögen alle Herzen fröhlich und hell sein!

In Liebe, Laurel

* Zu diesem Bild haben mich meine Katze Tiger und mein schwarzer Labrador Matisse inspiriert, die mir jeden Tag so viel Freude machen!

Matisse & Tiger

Quiltgröße: 61 cm x 76 cm/24 inch x 30 inch

Maschinenapplikation, gequiltet und verziert von Gailen Runge, Oakland, California/USA, 2003.
Die Stoffe sind ein großzügiges Geschenk von Marcus Brothers.

Sie brauchen:

- Weißer Baumwoll-Lamé: 185 cm/2 yard für Hintergrund, Rückseite und Einfassung
- Grauer Baumwoll-Lamé: 35 cm/3/8 yard für den Hund
- Silberner Baumwoll-Lamé: 35 cm/3/8 yard für die Katze
- Roter Baumwoll-Lamé: 25 cm/1/4 yard für die Schleife
- Grüner Baumwoll-Lamé: 25 cm/1/4 yard für die Schleife
- Vlies: 75 cm x 90 cm/28 inch x 34 inch
- Haftvlies: 140 cm/1 1/2 yard
- Band in metallischem Gold: 300 cm/3 1/4 yard lang und 1,25 cm/1/2 inch breit für den Rahmen
- Garn für die Zierstickerei: Gold und Schwarz
- Band in metallischem Gold: 750 cm/8 yard lang und 0,32 cm/1/8 inch breit
- Schwarzes Schrägband: 750 cm/8 yard lang und 0,65 cm/1/4 inch breit
- Stoffmalfarben: Silber, Weiß, Schwarz, Orange, Gelb, Dunkelgrün, Hellgrün, Violett, Gold, Rosa und Türkis

Zuschneiden:

Bitte lesen Sie „Tips und Techniken für Applikation und Verzierung" auf Seite 72, bevor Sie dieses oder ein anderes Projekt beginnen.

Weißer Baumwoll-Lamé: 2 Rechtecke 71 cm x 86 cm/28 x 34 inch groß für den Hintergrund und die Rückseite.
Einfassung: 3 Streifen 6,6 cm/2 1/4 inch breit zu einer Gesamtlänge von 305 cm/120 inch zusammennähen.

Arbeitsanleitung für Matisse & Tiger

1. Vergrößern Sie die Vorlage auf Seite 31 auf 277 %, bevor Sie beginnen. Lesen Sie die Anleitungen für Applizieren mit Nähmaschine und Haftvlies auf Seite 73. Übertragen Sie alle Musterteile auf das Haftvlies.
2. Schützen Sie Ihre Arbeitsfläche, bevor Sie mit dem Malen beginnen. Nehmen Sie die dicken grauen Linien auf dem Muster als Vorlage und malen Sie, bevor Sie die Applikationen auf den Hintergrundstoff aufkleben. Die Farbe gut trocknen lassen.
3. Das goldene Band zu einem 50 x 69 cm/19 1/2 x 27 inch großen Rahmen auf das Quilttop nähen.
4. Die Tierformen sorgfältig auf das Quilttop aufkleben.
5. Mit Ziergarnen die Formen mit der Maschine applizieren und ausschmücken.
6. Die bunten Halstücher und die Tiere mit dem schwarzen Schrägstreifen umranden.
7. Mit schmalem Goldband die Details der Gesichter umranden.
8. Weitere Verzierungen mit Stoffarbe aufmalen.
9. Quilttop, Vlies und Rückseite übereinander legen und mit Stecknadeln oder Heftstichen befestigen.
10. Rund um die Motive und den Rahmen quilten. Blumige Details auf den Katzenkörper quilten.
11. Weitere Einzelheiten hinzufügen. Auf das Fertigmaß zurechtschneiden und einfassen.

Ein Halstuch für den besten Freund

Wenn Sie Ihr Haus in der Vorweihnachtszeit festlich schmücken, warum nähen Sie nicht auch ein buntes Tuch für Ihren Hund oder Ihre Katze? Sie brauchen dazu nur ein quadratisches Stück Stoff, ein paar Stern-Schablonen aus Fixierstickvlies und Acrylfarbe.

Mendelssohn, der bei Franki und David Kohler wohnt, sieht mit seinem maßgeschneiderten Laurel Burch Halstuch richtig flott aus.

Sie brauchen:

- Ein quadratisches Stück Stoff ca. 45 x 45 cm/ 18 x 18 inch groß für eine Katze oder einen kleinen Hund, oder ca. 65 x 65 cm/25 x 25 inch groß für größere Tiere
- Stoffarbe (dieses Halstuch wurde mit silberner Farbe bemalt)
- Fixierstickvlies
- Bastlermesser
- kleiner Schaumstoffpinsel
- Dicker Bleistift mit Radiergummi
- Spiralen-Gummistempel

So wird das bunte Halstuch gemacht

1. Die Kanten des Quadrats zweimal 0,65 cm/ $\frac{1}{4}$ inch einschlagen, festnähen und plätten. Das Tuch diagonal falten und plätten.
2. Die Sterne von Seite 53 oder irgendein anderes Muster auf die Papierseite des Fixierstickvlieses übertragen.
3. Mit dem Bastlermesser Lochschablonen herstellen, dafür schneiden Sie Sterne oder andere Motive aus dem Fixierstickvlies aus. Lassen Sie einen Rand von 2,5 cm/ 1 inch rundum stehen.
4. Die glänzende Seite dieser Lochschablone bügeln Sie auf das gefaltete Tuch. Mit ganz wenig Acrylfarbe – Ihr Pinsel sollte fast trocken sein – die Lochschablonen ausmalen. Trocknen lassen.
5. Heben Sie das Fixierstickvlies vom Untergrund und plazieren es an anderer Stelle auf das Halstuch. Schritt 4 wiederholen.
6. Den Radiergummi am Bleistiftende in Acrylfarbe eintauchen und damit Punkte am Tuchrand entlang stempeln. Trocknen lassen.

Auf 277 % vergrößern

JOY
GIVING
JOY

Freude schenken

Der Quilt ist 122 x 61 cm/48 x 24 inch groß.

Maschinenapplikation, gequiltet und verziert von Nancy Busby, Rio Vista, California/USA, 2003.
Die Stoffe sind ein großzügiges Geschenk von Benartex Inc..

Sie brauchen:

- Schwarz: 150 cm/1½ yard für den Hintergrund
- Verschiedene Reststoffe in kräftigen Farben: insgesamt 50 cm/½ yard für die Bäume und die Geschenke
- Rückseite: 150 cm/1½ yard
- Einfassung: 35 cm/ ⅓ yard
- Vlies: 140 x 75 cm/52 x 28 inch
- Haftvlies: 140 cm/1½ yard
- Garn für die dekorative Stickerei: metallisches Gold
- Metallische Flechtborte: 735 cm/ 8 yard von 0,32 cm/⅛ inch breiten verschiedenen Farben
- Metallische Plusterfarbe: in Gold, Silber, Blau, Rot, Gelb, Rosa und Violett
- Kunststoffperlen in verschiedenen Größen und Farben: 60 Stück
- Pailletten, 9 mm Durchmesser, in verschiedenen Farben: 20 Stück
- Perlen, 2 mm Durchmesser, in verschiedenen Farben: 250 Stück
- Stoffkleber oder Klebepistole

Zuschneiden:

Lesen Sie das Kapitel „Tips und Techniken für Applikation und Verzierung" auf Seite 72, bevor Sie dieses oder ein anderes Projekt beginnen.

Schwarz: 1 Rechteck 127 x 66 cm/50 x 26 inch groß für den Hintergrund (das ist ein bißchen zu groß, wird aber vor dem Einfassen auf das richtige Maß geschnitten).

Stoff für Applikationen: nach Bedarf
Rückseite: 1 Rechteck 132 x 71 cm/52 x 28 inch groß
Einfassung: 4 Streifen von 6 cm/2¼ inch Breite zur Gesamtlänge von 406 cm/160 inch zusammennähen.

So wird der Quilt „Freude Schenken" genäht

1. Bevor Sie beginnen, vergrößern Sie die Vorlagen auf den Seiten 34–35 auf 200 %. Lesen Sie die Anleitungen fürs Applizieren mit der Maschine und Haftvlies auf Seite 72 und 73. Übertragen Sie alle Musterteile auf das Haftvlies.
2. Schützen Sie Ihre Arbeitsfläche, bevor Sie mit dem Malen beginnen. Benutzen Sie die dicken grauen Linien als Vorlage und malen Sie, bevor Sie die Applikationsformen auf den Hintergrundstoff aufkleben. Die Farbe gut trocknen lassen.
3. Wenn Sie das Haftvlies auf die Rückseite der verschiedenen leuchtend bunten Stoffreste geklebt haben, schneiden Sie die Baum- und Geschenkformen aus, kleben sie auf den Hintergrundstoff und applizieren sie mit der Maschine.
4. Kleben Sie die Flechtborte über die gesamte Breite des Quilts zu den Wörtern „GIVING" und „JOY" zusammen.
5. Verzieren Sie die Motive und Wörter mit dekorativen Maschinenstichen in Ziergarnen, mit Stofffarben, Acrylschliffperlen, Pailletten und Perlen.
6. Das Quilttop, Vlies und Rückseite aufeinander legen und mit Stecknadeln oder Heftstichen befestigen.
7. Um jedes Motiv quilten und den Hintergrund mit geometrischen Formen und Linien quilten.
8. Auf das Fertigmaß zurechtschneiden und einfassen.

Auf 200 % vergrößern

Auf 200 % vergrößern

Nikolausstiefel voll fröhlicher kleiner Viecher

Fertigmaß: 46 x 56 cm/18 x 22 inch

Eine Arbeit von Lynn Koolish, Gailen Runge und Cyndy Rymer, 2003.
Der Filz ist ein großzügiges Geschenk von National Nonwovens.

Sie brauchen:

- 105 cm/1 1/8 yard roten Filz für den Stiefel
- 15 cm/1/8 yard dunkelgrünen Filz für die Ilexblätter
- Filzreste für die Tiere und den Stiefelschmuck: Hellgrün, Rosa, Orange, Gelb, Braun, Blau, Bläuliches Schwarz und Violett.
- 15 cm/1/8 yard Haftvlies für die Blätter
- Garn für dekorative Stickerei in Gold und Schwarz
- Schleifenband zum Verzieren: 95 cm/1 yard, jeweils 0,32 cm/1/8 inch breit in Mittelblau, metallischem Silber, metallischem Gold und Schwarz
- 70 cm/3/4 yard Band in metallischem Gold, 1,6 cm/5/8 inch breit für den oberen Rand des Stiefels
- 185 cm/2 yard, 2,2 cm/7/8 inch breit für die Schleife
- Schwarze und goldene Perlen zum Verzieren
- Textilfarbe: Schwarz, Gold, Weiß, Rosa, Gelb, Grün, Violett und Blau
- Textilklebstoff oder Klebepistole
- Füllwatte

Zuschneiden:

Lesen Sie „Tips und Techniken für Applikation und Verzierung“ auf Seite 72, bevor Sie dieses oder ein anderes Projekt beginnen.

Roter Filz: 2 Stiefelformen
Dunkelgrüner Filz: 5 Ilexblätter
Hellgrüner Filz: 2 Ilexblätter
Filzreste: Tiere

So werden der Stiefel und die fröhlichen Viecher gemacht

Lesen Sie das Kapitel „Tips und Techniken für Applikation und Verzierung“ auf Seite 72, bevor Sie dieses oder ein anderes Projekt beginnen.

1. Vergrößern Sie die Vorlagen auf den Seiten 37–39 auf 200 %. Lesen Sie die Anleitungen fürs Applizieren mit Maschine und Haftvlies auf Seite 72. Übertragen Sie nach den Anleitungen auf Seite 73 alle Musterteile auf das Haftvlies.
2. Schützen Sie Ihre Arbeitsfläche, bevor Sie mit dem Malen beginnen. Benutzen Sie die dicken grauen Linien als Vorlage und malen Sie, bevor Sie die Applikationen auf den Hintergrundstoff kleben. Die Farbe gut trocknen lassen.
3. Das Haftvlies auf die Rückseite der Filzreste kleben. Die Streifen für die Verzierung schneiden. Die Motive auf eine Stiefelseite kleben und mit der Maschine applizieren.
4. Mit Textilfarben weitere Verzierungen aufmalen.
5. Schmale Bändchen zwischen die Filzstreifen nähen.
6. Den Stiefel mit Perlen verzieren.
7. Die beiden Stiefelteile links auf links legen und mit 0,35 cm/1/8 inch Abstand von der Kante zusammennähen. An der Oberkante nicht zusammennähen. Das breite goldene Band an die obere Stiefelkante annähen.
8. Schneiden Sie 2 dunkelgrüne und 2 hellgrüne Ilexblätter der Länge nach in zwei Teile (es werden 2 halbe Blätter übrigbleiben). 1 dunkelgrünes Halbblatt und 1 hellgrünes

auf jedes ganze Blatt aufkleben. 0,35 cm/$\frac{1}{8}$ inch von der Kante entfernt jedes Blatt umnähen. In der Blattmitte eine Blattader aufsteppen. Die drei Blätter an den Stiefel kleben.

9. Den Stiefel fast randvoll mit Füllwatte stopfen.
10. Jede Tierform zweimal auf den Filz übertragen. Jeweils eine der beiden Formen mit Stoffarbe und Perlen verzieren.
11. Die Tierpaare ausschneiden und 0,35 cm/$\frac{1}{8}$ inch von der Kante entfernt links auf links zusammennähen. Lassen Sie die Unterkante bei jedem Tier offen. Jedes Tier mit Füllwatte ausstopfen und die Öffnung zunähen.
12. Die Tiere im Stiefel anordnen und ankleben oder annähen.

Auf 200 % vergrößern

Auf 200 % vergrößern

joy • joy • joy • joy

Geflügeltes Zauberhäschen

Das Kissen ist 30,5 x 47 cm/12 x 18½ inch groß

Gearbeitet von Charlene Dakin, Lafayette, CA/USA, 2003.
Der Filz ist ein großzügiges Geschenk von National Nonwovens.

Sie brauchen:

- 35 cm/⅜ yard roten Filz für die Vorderseite der Kissenhülle
- 25 cm/¼ yard weißen Filz für die Flügel
- 25 cm/¼ yard violetten Filz für den Hasenkörper
- 15 cm/⅛ yard gelben Filz für das Hasengesicht
- ein Stückchen blauroten Filz für den Hasenschwanz
- 35 cm/⅜ yard schwarzen Filz für die Rückseite der Kissenhülle
- Textilfarben: Rot, Violett, Weiß und metallisches Blau und Gold
- Schwarzer Stoffmalstift mit feiner Spitze
- Garne für die Zierstickerei: Gold, Schwarz und Rot
- Transparentgarn
- Blaugrüne Kordel: 160 cm/1¾ yard in 0,35 cm/⅛ inch Breite
- Kissenfüllung: 28 x 43 cm/ 11 x 17 inch groß
- Zackenschere oder Zacken-Rollschneider
- Textilkleber

Zuschneiden:

Lesen Sie „Tips und Techniken für Applikation und Verzierung" auf Seite 72, bevor Sie ein Projekt beginnen.

Roter Filz: 1 Rechteck 33 x 50 cm/13 x 19½ groß zuschneiden. Diese Maße sind etwas zu groß. Schneiden Sie das Kissen erst auf das Fertigmaß zurecht, wenn Sie mit dem Applizieren fertig sind.
Schwarzer Filz: 1 Rechteck 30,5 x 46 cm/12 x 18 inch groß zuschneiden.
Stoff für die Applikationen: nach Bedarf zuschneiden.

So wird das Kissen mit dem „geflügelten Zauberhäschen" gemacht

1. Vergrößern Sie die Vorlage auf Seite 42 auf 200 %. Lesen Sie die Anleitungen fürs Applizieren mit Maschine und Haftvlies auf Seite 72–73. Übertragen Sie alle Musterteile auf das Haftvlies.
2. Schützen Sie Ihre Arbeitsfläche, bevor Sie mit dem Malen beginnen. Benutzen Sie die dicken grauen Linien als Vorlage und malen Sie, bevor Sie die Applikationen auf den Hintergrundstoff kleben. Die Farbe gut trocknen lassen.
3. Die Motive auf den roten Hintergrund stecken und mit der Maschine applizieren, dann die Verzierungen hinzufügen.
4. Mit der Zackenschere oder einem Zacken-Rollschneider den roten Hintergrund auf 30,5 x 46 cm/12 x 18 inch zurechtschneiden.
5. Mit Textilkleber die Kordel 1,25 cm/½ inch von der Außenkante des roten Hintergrundteils entfernt aufkleben.
6. Legen Sie die rote Kissenvorderseite links auf links mittig auf die schwarze Rückseite. Feststecken. Mit Transparentgarn im Zickzackstich über die Kordel nähen und so die Vorderseite mit der Kissenrückseite verbinden. Lassen Sie eine Öffnung frei, um die Füllung einstecken zu können.
7. Durch die Öffnung das Kissen einziehen. Zusammenstecken und den Kissenbezug zunähen.

Auf 200 % vergrößern

Bärenweihnacht

Das Kissen ist 46 x 51 cm/18 x 20 inch groß

Charlene Dakin aus Lafayette, CA/USA hat es 2003 gearbeitet.
Der Filz ist ein großzügiges Geschenk von National Nonwovens.

Sie brauchen:

- 45 cm/½ yard schwarzen Filz für die Vorderseite des Kissens
- 60 cm/⅝ yard roten Filz für die Rückseite
- 25 cm/½ yard weißen Filz für den Bären
- Verschiedene Stoffe zum Applizieren
- 12,5 x 18 cm/5 x 7 inch grünen Filz
- 1,5 x 12,5 cm/½ x 5 inch violetten Filz
- 1,5 x 12,5 cm/½ x 5 inch blaugrünen Filz
- 5 x 15,5 cm/2 x 6 inch gelben Filz
- 5 x 20,5 cm/2 x 8 inch blauroten Filz
- Garne für dekorative Stickerei: Rosa, Rot, Gold, Gelb und Schwarz
- Flechtborte in metallischem Gold, 0,65 cm/¼ inch breit: 115 cm/1¼ yard
- 185 cm/2 yard rosa Schleifenband, 0,32 cm/⅛ inch breit
- Textilfarben: Grün, Weiß, Rosa, Gelb, Orange und metallisches Blau
- Feiner Stoffmalstift in Schwarz
- Kissenfüllung: 38 x 43 cm/15 x 17 inch groß
- Zackenschere oder Zackenrollschneider
- Textilklebstoff oder Klebepistole

Zuschneiden:

Lesen Sie „Tips und Techniken für Applikation und Verzierung" auf Seite 72, bevor Sie ein Projekt beginnen.

Schwarzer Filz: 1 Rechteck 40,5 x 46 cm/16 x 18 groß. Dieses Maß ist etwas zu groß. Schneiden Sie das Kissen erst auf das Fertigmaß zurecht, wenn das Appliqué fertig ist.
Roter Filz: 1 Rechteck 46 x 51 cm/18 x 20 inch groß.
Stoff für die Applikationen: nach Bedarf zuschneiden.

Arbeitsanleitung für das Kissen „Bärenweihnacht"

1. Vergrößern Sie die Vorlage auf Seite 44 auf 200 %. Lesen Sie die Anleitungen fürs Applizieren mit der Maschine und Haftvlies auf Seite 72–73. Übertragen Sie alle Musterteile auf das Haftvlies.
2. Schützen Sie Ihre Arbeitsfläche, bevor Sie mit dem Malen beginnen. Benutzen Sie die dicken grauen Linien als Vorlage und malen Sie, bevor Sie die Applikationen auf den Hintergrundstoff kleben. Die Farbe gut trocknen lassen.
3. Mit Textilfarben und dem Malstift die Filzmotive verzieren.
4. Die Motive auf der schwarzen Filzvorderseite des Kissens arrangieren und feststecken. Jede Form mit der Maschine auf die Kissenvorderseite applizieren.
5. Die Flügel mit metallischem Flechtband dekorieren. Schlaufen aus der Flechtborte binden und als Schleife auf das Paket nähen.
6. Das rosa Bändchen mit Textilkleber 0,65 cm/¼ inch vom Rand auf den schwarzen Hintergrund kleben.
7. Das kleinere schwarze applizierte Vorderteil links auf links mittig auf die rote Kissenrückseite legen. Feststecken. Mit rosa oder passendem Garn im Zickzackstich über das Bändchen nähen und so Vorder- und Rückseite zusammennähen. Lassen Sie eine Öffnung, um das Kissen einstecken zu können.
8. Durch die Öffnung das Kissen einziehen. Zusammenstecken und die Naht schließen.

Auf 200 % vergrößern

Weihnachtskater

Das Kissen ist 50,5 x 50,5 cm/20 x 20 inch groß.

Mit der Maschine appliziert und verziert von Barbara Baker und Jeri Boe, Bend, Oregon, USA, 2003.
Die Stoffe sind ein großzügiges Geschenk von Hoffman of California

Sie brauchen:

- Dunkelblau: 100 cm/1 yard für den Hintergrund der Kissenvorderseite und die Rückseite
- Roter Baumwoll-Lamé: 25 cm/¼ yard für den Körper der Katze und den inneren Rand
- Blauroter Baumwoll-Lamé: 15 cm/⅛ yard für das Katzengesicht
- Dunkelrosa Baumwoll-Lamé: 25 cm/¼ yard für den Katzenschwanz
- Grün: 25 cm/¼ yard für die Ilexblätter und den äußeren Rand
- Gold: 25 cm/¼ yard für die Paspel am Kissenrand
- Kordel, 0,65 cm/¼ inch breit: 230 cm/2½ yard
- Kissen: 51 x 51 cm/20 x 20 inch groß
- Haftvlies: 25 cm/¼ yard
- Transparentgarn
- Textilfarben: metallisches Gold, Blau, Rot und Weiß
- Feiner Stoffmalstift in Schwarz
- Option: Reißverschlußfuß für die Nähmaschine

Zuschneiden:

Lesen Sie „Tips und Techniken für Applikation und Verzierung“ auf Seite 72, bevor Sie ein Projekt beginnen.

Dunkelblau: 1 Rechteck 41 x 41 cm/16 x 16 groß. Das ist etwas zu groß. Schneiden Sie das Kissen erst auf 38 x 38 cm/15 x 15 inch Größe zu, wenn das Appliqué fertig ist.
Zwei Rechtecke 37 x 52,5 cm/14½ x 20½ inch groß zuschneiden. **Rot:** 2 Streifen 3,5 x 38 cm/1¼ x 15 inch groß für den oberen und unteren inneren Rand.
2 Streifen 3,5 x 42 cm/1¼ x 16½ inch groß für die inneren Seitenränder. Einen Katzenkörper zuschneiden.

Grün: 2 Streifen 6,5 x 42 cm/2½ x 16½ inch groß für den oberen und unteren äußeren Rand.
2 Streifen 6,5 x 52 cm/2½ x 20½ inch groß für die äußeren Seitenränder.
Ilexblätter schneiden.
Grüner, blauroter und rosa Baumwoll-Lamé für Applikationen: je nach Bedarf schneiden
Gold: drei 5,5 cm/2 inch breite Streifen zur Gesamtlänge von 230 cm/90 inch für die Paspel zusammennähen.

Den „Weihnachtskater“ zusammennähen

1. Vergrößern Sie die Vorlage auf Seite 47 auf 150 %. Lesen Sie die Anleitungen fürs Applizieren mit Maschine und Haftvlies auf Seite 72. Übertragen Sie alle Musterteile nach den Angaben auf Seite 73 auf das Haftvlies.
2. Schützen Sie Ihre Arbeitsfläche, bevor Sie mit dem Malen beginnen. Benutzen Sie die dicken grauen Linien als Vorlage und malen Sie, bevor Sie die Applikationen auf den Hintergrundstoff kleben. Die Farbe gut trocknen lassen.
3. Die Applikationen wie abgebildet mit Textilfarben und dem Malstift verzieren.
4. Die Motive auf dem dunkelblauen Hintergrund arrangieren und festkleben. Mit Textilfarben und dem Malstift noch mehr Verzierungen anbringen.
5. Mit Transparentgarn die Formen mit der Maschine auf den Hintergrund applizieren.
6. Das blaue Hintergrundteil 38 x 38 cm/15 x 15 inch groß zurechtschneiden.
7. Die roten oberen und unteren inneren Ränder an die blaue Vorderseite nähen. Die Nahtzugaben zum Rand plätten. Die roten inneren Seitenränder an das Vorderteil annähen. Die Nahtzugaben zum Rand plätten.
8. Die grünen Außenränder an den oberen und unteren roten Rand nähen und die Nahtzugaben nach außer plätten. Die grünen Außenränder an die roten Seitenkanten nähen und die Nahtzugaben nach außen plätten.
9. Bereiten Sie die zwei blauen Rechtecke für die Kissen-

rückseite von 37 x 52 cm/14½ x 20½ inch Größe vor. Je eine 52 cm/20½ inch lange Seite der beiden Rechtecke 2 cm/¾ inch breit umklappen. Plätten. Nah an der gefalteten Kante festnähen. Beide gesäumte Kanten ca. 8 cm/3 inch überlappend aufeinander legen, so daß das Rückenteil ca. 52 x 52 cm/20½ x 20½ inch groß ist (genauso groß wie die Kissenvorderseite).

10. Das goldene Band längs zur Hälfte falten und leicht plätten. Die Kordel innen entlang des Bruchs legen und mit dem Reißverschlußfuß das goldene Band zum Keder zusammennähen.
11. Vorder- und Rückseite des Kissens rechts auf rechts aufeinander legen. Den Keder mit Stecknadeln zwischen die Kissenplatten stecken, so daß die Kanten des Keders genau auf den Schnittkanten der Vorder- und Rückseite liegen. Der Keder-Bruch zeigt zur Kissenmitte. Durch alle Lagen hindurch um das Kissen nähen.
12. Wenden Sie die Kissenhülle, so daß die rechte Seite außen ist, und stecken die Füllung durch die Öffnung, wo sich die beiden Rückteile überlappen.

MEOWY CHRISTMAS FROM SANTA PAWS !!

Miauige Weihnachten
wünscht der Weihnachtskater!

Freude · Freude · Freude · Freude · Freude

Auf 150 % vergrößern

Kaminsims-Läufer „Tanzende Hunde“

Fertigmaß: 53,5 x 121 cm/21 x 47½ inch

Mit der Maschine appliziert und gequiltet von Barbara Baker und Jeri Boe, Bend, Oregon, USA, 2003.
Die Stoffe sind ein großzügiges Geschenk von FASCO/Clothworks.

Sie brauchen:

- Bunte Reste für die Gesichter
- Blasses Gold: 140 cm/1½ yard für den Hintergrund
- Vielfarbig gemusterter Stoff: 45 cm/½ yard für Hunde und Sterne
- Weißer Baumwoll-Lamé: 15 cm/⅛ yard für Flügel
- Rückseite: 140 cm/1? yard
- Einfassung: 25 cm/¼ yard gestreifter Stoff
- Vlies: 65 x 152 cm/25 x 52 inch
- Haftvlies: 45 cm/½ yard
- Transparentgarn
- Feiner Stoffmalstift in Schwarz
- Stoffmalstift in metallischem Gold
- Stoffarbe: Weiß

Zuschneiden:

Lesen Sie „Tips und Techniken für Applikation und Verzierung“ auf Seite 72, bevor Sie ein Projekt beginnen.

Blasses Gold: 1 Rechteck 64 x 132 cm/25 x 52 inch groß.
Vielfarbiger Druckstoff: 2 Hundekörper Nr. 1, 2 Hundekörper Nr. 2, 4 Hundeköpfe mit Ohren, 36 Sterne
Weißer Baumwoll-Lamé: 2 Paar Flügel und 2 einzelne Flügel
Rückseite: 1 Rechteck 64 x 132 cm/25 x 52 inch groß
Gestreifter Stoff: Vier 4,75 cm/1¾ inch breite Streifen zur Gesamtlänge von 395 cm/155 inch für die Einfassung zusammennähen.

Arbeitsanleitung für den Kaminsims-Läufer „Tanzende Hunde“

1. Vergrößern Sie die Vorlage auf Seite 50 auf 200 %. Lesen Sie die Anleitungen fürs Applizieren mit der Maschine und Haftvlies auf Seite 72. Übertragen Sie nach den Angaben auf Seite 73 alle Musterteile auf das Haftvlies.
2. Schützen Sie Ihre Arbeitsfläche, bevor Sie mit dem Malen beginnen. Benutzen Sie die dicken grauen Linien als Vorlage und malen Sie, bevor Sie die Applikationen auf den Hintergrundstoff aufkleben. Die Farbe gut trocknen lassen.
3. Die Motive auf den Hintergrund kleben.
4. Mit den Stoffmalstiften Details zeichnen.
5. Mit Transparentgarn die Motive mit der Maschine auf den Hintergrund applizieren.
6. Top, Vlies und Rückseite aufeinander legen und mit Stecknadeln oder Heftstichen fixieren.
7. Quilten Sie den Läufer in einem übergeordneten Muster.
8. Den Läufer auf 53,5 x 121 cm/21 x 47½ inch Größe zuschneiden. Den unteren Rand in Bögen schneiden, die die Umrisse der Hunde wiederholen.
9. Den Läufer einfassen.

Tanzende Hunde

Hund 1

Hund 2

Auf 200 % vergrößern

Baumschürze „Fröhliche Katzen“

Fertigmaß: 100 cm/39 inch Durchmesser

Mit der Maschine appliziert und gequiltet von Barbara Baker und Jeri Boe, Bend, Oregon, USA, 2003.
Die Stoffe sind ein großzügiges Geschenk von FASCO/Clothworks.

Sie brauchen:

- Blasses Gold: 110 cm/$1\frac{1}{8}$ yard für den Hintergrund
- Vielfarbiger Druckstoff: 50 cm/ $\frac{1}{2}$ yard für Katzen und Sterne
- Blaugrün: 50 cm/$\frac{1}{2}$ yard für Katzen
- Bunte Reste: für die Gesichter
- Weißer Baumwoll-Lamé: 15 cm/$\frac{1}{8}$ yard für Flügel
- Rückseite: 115 cm/$1\frac{1}{4}$ yard
- Einfassung: 30 cm/ $\frac{1}{3}$ yard gestreifter Stoff
- Vlies: Kreis mit 110 cm/43 inch Durchmesser
- Haftvlies: 95 cm/1 yard
- Transparentgarn
- Feiner Stoffmalstift in Schwarz
- Stoffmalstift in metallischem Gold
- Textilfarbe: Weiß

Zuschneiden:

Lesen Sie „Tips und Techniken für Applikation und Verzierung“ auf Seite 72, bevor Sie ein Projekt beginnen.

Blasses Gold: 1 Kreis mit einem Durchmesser von 102 cm/40 inch (Radius: 51 cm/20 inch)
Blaugrün: 3 Katzenkörper 1
Vielfarbiger Druckstoff: 3 Katzenkörper 2
6 Katzenköpfe
22 kleine Sterne
3 große Sterne
Weißer Baumwoll-Lamé: 12 Flügel
Rückseite: 1 Kreis mit Durchmesser von 107 cm/42 inch (Radius: 53,5 cm/21 inch) oder einen Kreis, der in die Stoffbreite paßt. Er muß aber etwas größer sein als die Oberseite der Baumschürze.
Gestreifter Stoff: Fünf 4,75 cm/$1\frac{3}{4}$ inch breite Streifen zur Gesamtlänge von 508 cm/200 inch für die Einfassung zusammennähen.

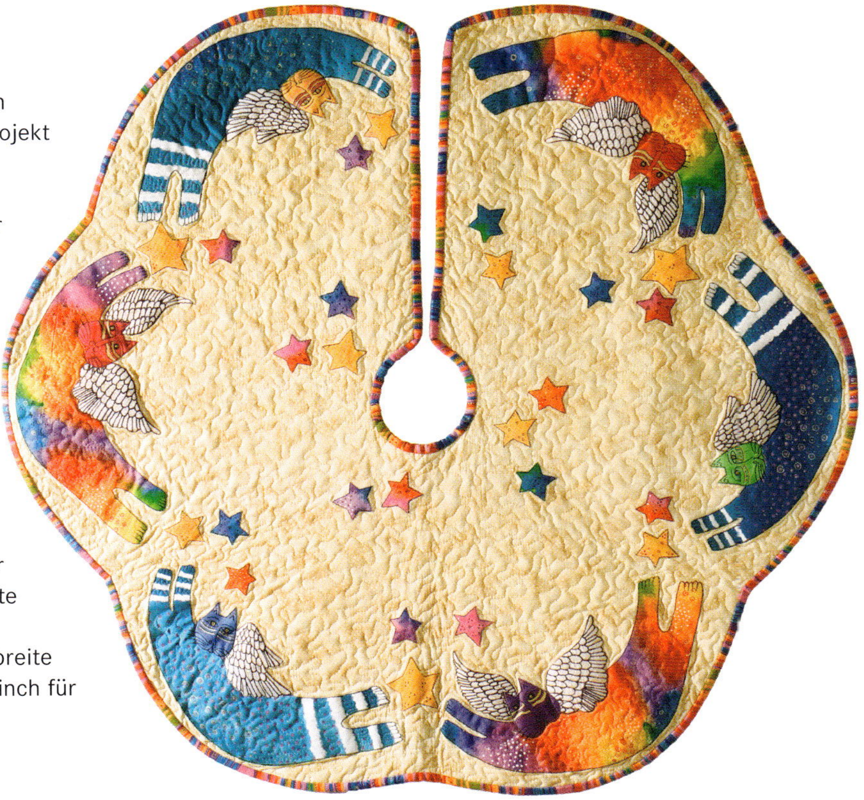

Arbeitsanleitung für die Baumschürze „Fröhliche Katzen“

1. Vergrößern Sie die Vorlagen „fröhlichen Katzen“ auf Seite 53 auf 200 %. Lesen Sie die Anleitungen für das Arbeiten mit Haftvlies auf Seite 73. Übertragen Sie alle Musterteile auf das Haftvlies.
2. Schützen Sie Ihre Arbeitsfläche, bevor Sie mit dem Malen beginnen. Benutzen Sie die dicken grauen Linien als Vorlage und malen Sie, bevor Sie die Applikationen auf den Hintergrundstoff kleben. Die Farbe gut trocknen lassen.
3. Die Motive auf den Hintergrund kleben.
4. Mit den Stoffmalstiften Details zeichnen.
5. Die Motive mit Transparentgarn mit der Maschine auf den Hintergrund applizieren.
6. Legen Sie das Baumschürzentop, Vlies und Rückseite aufeinander und fixieren die Lagen mit Stecknadeln oder Heftstichen.
7. Quilten Sie die Baumschürze mit einem übergeordneten Muster.
8. Die Baumschürze auf einen Kreis mit 100 cm/39 inch Durchmesser (Radius: 50 cm/19 ½ inch) zuschneiden. Den äußeren Rand in Bögen schneiden, die die Umrisse der Katzen wiedergeben. Zwischen zwei Katzen einen Schlitz bis zum Mittelpunkt des Kreises einschneiden. Einen Kreis in der Mitte der Baumschürze mit einem Durchmesser von 12 cm/4¾ inch (Radius: 6 cm/2⅜ inch) ausschneiden.
9. Die Bogenkante und den Schlitz der Baumschürze einfassen.

Fröhliche Katzen

Auf 200 % vergrößern

Exquisiter Baumschmuck

Die Ornamente hat Christine Batterman, San Ramon, California/USA, im Jahr 2003 angefertigt.

Sie brauchen:

- Runde Glasornamente aus klarem Glas
- Kohlepapier oder Schneiderkopierpapier
- glänzende Bastel-Acrylfarben
- Verzierungen: Schleifenbänder, Glöckchen und Blüten
- Klebepistole

So wird der gemalte Glasschmuck gearbeitet

1. Schützen Sie Ihre Arbeitsfläche, bevor Sie mit dem Malen beginnen. Die Farbe gut trocknen lassen, bevor Sie Verzierungen anbringen.
2. Die Hintergrundfarbe auftragen und trocknen lassen.
3. Kohlepapier oder Schneiderkopierpapier auf das bemalte Ornament legen. Die Vorlage darüber legen und alle Linien mit einem abgerundeten Stift durchpausen.
4. Das Muster entlang der Kohle- oder Kreidelinien ausmalen.
5. Mit der Klebepistole Verzierungen anbringen.

Verwenden Sie die Vorlagen auf Seite 55 für Baumschmuck aus Glas, Filz oder Stoffapplikationen.

Für Stoffornamente auf 200 % vergrößern

Material für den Filzschmuck

- Filz oder Baumwolle
- Garn
- Füllwatte
- Haftvlies
- Dickflüssiger starker Bastelleim
- Stoff
- Vlieseinlage
- Volumenvlies
- Textilfarbe in Gold
- Glänzende Bastel-Acrylfarbe
- Klebepistole
- Glasperlen (Rocailles)
- Zierbändchen
- Schleifen
- Glöckchen

So können Sie die Stoffornamente arbeiten

Vogel

1. Die Vorlage auf 2 Stücke Filz übertragen.
2. Beide Teile mit überwendlichen Stichen zusammennähen und dabei eine Füllöffnung lassen. Den Vogel leicht mit Füllwatte ausstopfen und die Öffnung zunähen.
3. Die Flügel auf Haftvlies übertragen. Jedes Teil auf Filz kleben und ausschneiden.
4. Die Flügelteile auf den Vogel legen und festkleben.
5. Den Schnabel und die Augen mit glänzender Acrylfarbe aufmalen. Das Muster auf den Flügel mit goldener Textilfarbe malen.
6. Die Blätter und die Verzierung um den unteren Flügelrand mit dickflüssigem Bastelleim anbringen.
7. Zum Aufhängen eine Schlaufe aus Bändchen mit der Klebepistole festmachen.

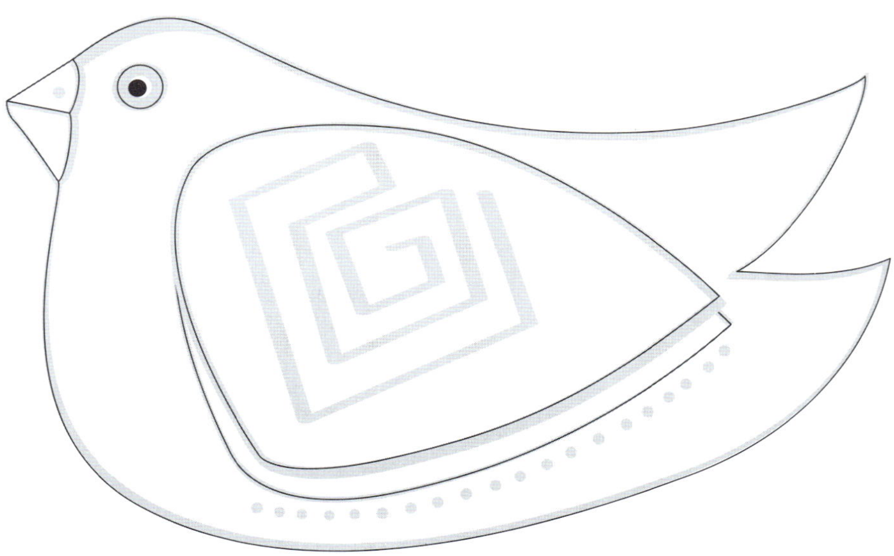

Pferd/Rentier/Gans

1. 2 Stoffkreise (Durchmesser: 14,5 cm/5⅝ inch) schneiden. Beide mit Vlieseinlage verstärken.
2. Einen etwas kleineren Kreis aus dünnem Volumenvlies schneiden und zwischen beide Stofflagen legen.
3. Die drei Lagen mit Zierstichen entlang der Außenkante zum Hintergrund-Sandwich zusammennähen.
4. Die vergrößerten Muster der Seite 55 auf das Haftvlies übertragen. Jedes Teil auf Stoff kleben und ausschneiden.
5. Die Teile zum Motiv zusammenlegen. Wenn alles positioniert ist, mit dem Bügeleisen auf das Hintergrund-Sandwich kleben.
6. Das Muster mit goldener Textilfarbe umranden. Das Auge mit glänzender Bastel-Acrylfarbe auftragen.
7. Glasperlen mit der Klebepistole auf den Blättern befestigen.
8. Bändchen als Aufhänger, Schleifen und Glöckchen mit der Klebepistole oben anbringen.

Tischläufer „Wald im Sternenlicht“

Fertigmaß: 38 x 142 cm/15 x 56 inch

Mit der Maschine appliziert und gequiltet von Christine Batterman, San Ramon, California/USA, 2003.
Die Stoffe sind ein großzügiges Geschenk von Blank Textiles.

Sie brauchen:

- Schwarzer, Ton-in-Ton gemusterter Stoff: 35 cm/3⁄8 yard für den Hintergrund in der Blockmitte
- Blauer Pünktchenstoff: 15 cm/1⁄8 yard für Bäume
- Gelber Pünktchenstoff: 15 cm/1⁄8 yard für Bäume
- Grüner Pünktchenstoff: 15 cm/1⁄8 yard für Bäume
- Verschiedene gemusterte Stoffreste von insgesamt 25 cm/1⁄4 yard für Baumstämme, zusammengesetzte Zwischenstreifen und Ränder
- Stoff mit Regenbogenfarben: 25 cm/1⁄4 yard für innere Ränder
- Schwarz gemusterter Stoff: 50 cm/1⁄2 yard für den äußeren Rand
- Rückseite: 150 cm/1 5⁄8 yard
- Einfassung: 25 cm/1⁄4 yard
- Vlies: 50 x 155 cm/19 x 60 inch
- Haftvlies: 95 cm/1 yard
- Vielfarbiges Garn

Zuschneiden:

Lesen Sie „Tips & Techniken für Applikation und Verzierung“ auf Seite 72, bevor Sie ein Projekt beginnen.

Schwarzer, Ton-in-Ton gemusterter Stoff:
4 Rechtecke 23 x 29 cm/9 x 11 1⁄2 inch groß für den Hintergrund in der Blockmitte.
Blauer Pünktchenstoff: 12 Dreiecke
Gelber Pünktchenstoff: 16 Dreiecke
Grüner Pünktchenstoff: 12 Dreiecke
Verschiedene gemusterte Stoffreste:
12 Baumstämme.
60 Quadrate 3,8 x 3,8 cm/1 1⁄2 x 1 1⁄2 inch groß ausschneiden.

Stoff mit Regenbogenfarben: 8 Streifen 2,5 x 29 cm/1 x 11 1⁄2 inch groß für die oberen und unteren inneren Ränder.
8 Streifen 2,5 x 25 cm/1 x 10 inch groß für die seitlichen inneren Ränder.
Schwarz gemusterter Stoff: 8 Streifen 4,5 x 32 cm/1 3⁄4 x 12 1⁄2 inch groß für die Streifen zwischen den Blöcken.
2 Streifen 4,5 x 38 cm/1 3⁄4 x 15 inch groß für die oberen und unteren Zwischenstreifen.
2 Streifen 4,5 x 136 cm/1 3⁄4 x 53 1⁄2 inch groß für die seitlichen Außenränder.
Einfassung: 4 Streifen 4,5 cm/1 3⁄4 inch breit auf eine Gesamtlänge von 395 cm/155 inch zusammennähen.

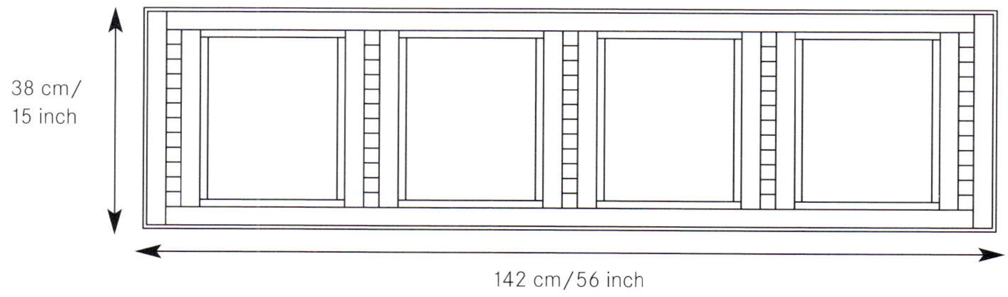

So nähen Sie den Tischläufer „Wald im Sternenlicht"

1. Vergrößern Sie die Vorlage auf Seite 62 auf 250 %. Lesen Sie die Anleitungen für das Arbeiten mit Haftvlies auf Seite 73. Übertragen Sie alle Musterteile auf das Haftvlies.
2. Kleben Sie die Baumformen auf den Hintergrund der Blöcke.
3. Mit vielfarbigem Garn applizieren Sie die Baumformen mit der Maschine.
4. Nähen Sie die oberen und unteren inneren Ränder an die Blöcke an. Die Nahtzugaben zum Rand plätten.
5. Die seitlichen inneren Ränder an die Blöcke nähen. Die Nahtzugaben zum Rand plätten.
6. Für einen zusammengesetzten Zwischenstreifen 12 Quadrate aus Reststoffen in einer Reihe aneinandernähen. Nähen Sie auf diese Weise 4 weitere bunte Zwischenstreifen.
7. Je einen Zwischenstreifen aus dem schwarz gemusterten Stoff an beide Seiten der drei bunten Zwischenstreifen nähen. Jeweils einen Zwischenstreifen aus dem schwarz gemusterten Stoff an eine Seite der anderen beiden bunten Zwischenstreifen annähen. Die Nahtzugaben zum schwarz gemusterten Zwischenstreifen plätten.
8. Nähen Sie die 5 Zwischenstreifen aus schwarz gemusterten und bunten zusammengesetzten Stoffen an und zwischen die 4 Baumblöcke.
9. Die seitlichen äußeren Randstreifen an den Tischläufer nähen und die Nahtzugaben zum äußeren Rand plätten.
10. Die oberen und unteren äußeren Randstreifen an den Tischläufer annähen. Die Nahtzugaben zum äußeren Rand plätten.
11. Tischläufer, Vlies und Rückseite aufeinander legen und mit Stecknadeln oder Heftstichen fixieren.
12. Um die Bäume herum in der Naht quilten und am schwarzen äußeren Rand entlang.
13. Den Tischläufer rechtwinklig begradigen, zurechtschneiden und einfassen.

Foto: Gary Gay

Tischsets „Wald im Sternenlicht“

Fertigmaß eines Sets: 32 x 44 cm/12½ x 17½ inch

Für vier Tischsets brauchen Sie:

- Schwarzer, Ton-in-Ton gemusterter Stoff: 35 cm/⅜ yard für den Hintergrund
- Blauer Pünktchenstoff: 15 cm/⅛ yard
- Gelber Pünktchenstoff: 15 cm/⅛ yard
- Grüner Pünktchenstoff: 15 cm/⅛ yard
- Verschiedene gemusterte Stoffe, insgesamt 25 cm/¼ yard für Baumstämme und den zusammengesetzten äußeren Rand an den Seiten
- Stoff in Regenbogenfarben: 25 cm/¼ yard für den inneren Rand
- Schwarz gemusterter Stoff: 50 cm/½ yard für den mittleren Rand
- Rückseite: 80 cm/⅞ yard
- Einfassung: 50 cm/½ yard
- Vlies: 40 x 55 cm/14 x 20 inch
- Haftvlies: 95 cm/1 yard
- Vielfarbiges Garn

Zuschneiden:

Lesen Sie „Tips & Techniken für Applikation und Verzierung“ auf Seite 72, bevor Sie ein Projekt beginnen.
Hinweis: Die folgenden Angaben gelten für 1 Tischset

Schwarzer, Ton-in-Ton gemusterter Stoff: 1 Rechteck 23 x 30 cm/9 x 11¾ inch groß für den Hintergrund.
Blauer Pünktchenstoff: 3 Dreiecke
Gelber Pünktchenstoff: 4 Dreiecke
Grüner Pünktchenstoff: 3 Dreiecke
Verschiedene gemusterte Stoffreste: 3 Baumstämme, 24 Quadrate 3,8 x 3,8 cm/1½ x 1½ inch groß.
Regenbogenstoff: 2 Streifen 2,5 x 30 cm/1 x 11¾ inch groß für den oberen und unteren inneren Rand.
2 Streifen 2,5 x 25 cm/1 x 10 inch groß für den seitlichen inneren Rand.
Schwarz gemusterter Stoff: 2 Streifen 4,5 x 32 cm/1¾ x 12¾ inch groß für den oberen und unteren äußeren Rand.
2 Streifen 4,5 x 32 cm/1¾ x 12¾ inch groß für den mittleren seitlichen Rand.
Rückseite: 1 Rechteck 36 x 51 cm/14 x 20 inch groß.
Einfassung: 2 Streifen 4,5 cm/1¾ inch breit und auf eine Gesamtlänge von 180 cm/71 inch zusammennähen.

So werden die Tischsets „Wald im Sternenlicht“ gearbeitet

1. Vergrößern Sie die Vorlage auf Seite 62 auf 250 %. Lesen Sie die Anleitungen für das Arbeiten mit Haftvlies auf Seite 73. Übertragen Sie alle Musterteile auf das Haftvlies.
2. Kleben Sie die Baumformen auf den Hintergrund.
3. Mit vielfarbigem Garn applizieren Sie die Baumformen mit der Maschine auf den Hintergrund.
4. Die oberen und unteren inneren Ränder aus Regenbogenstoff an das Set nähen und die Nahtzugaben zum Rand plätten.
5. Die seitlichen inneren Ränder aus Regenbogenstoff an das Set nähen und die Nahtzugaben zum Rand plätten.
6. Die oberen und unteren äußeren Randstreifen in schwarz gemustertem Stoff annähen und die Nahtzugaben zum äußeren Rand plätten.
7. Die seitlichen mittleren Randstreifen in schwarz gemustertem Stoff an das Set nähen und die Nahtzugaben zum mittleren Rand plätten.
8. Nähen Sie 12 Quadrate aus Reststoffen aneinander für einen zusammengesetzten Zwischenstreifen. Die Nahtzugaben alle zu einer Seite hin plätten. Einen weiteren Zwischenstreifen auf diese Art nähen.
9. Diese Zwischenstreifen an den schwarz gedruckten Stoff vom mittleren Rand nähen. Die Nahtzugaben zum mittleren Rand plätten.
10. Das Set, Vlies und Rückseite übereinander legen und mit Stecknadeln oder Heftstichen fixieren.
11. Um die Bäume herum in der Naht quilten und am äußeren Rand entlang.
12. Das Set rechtwinklig begradigen, zurechtschneiden und einfassen. Wiederholen Sie die oben genannten Arbeitsschritte für die anderen 3 Tischsets.

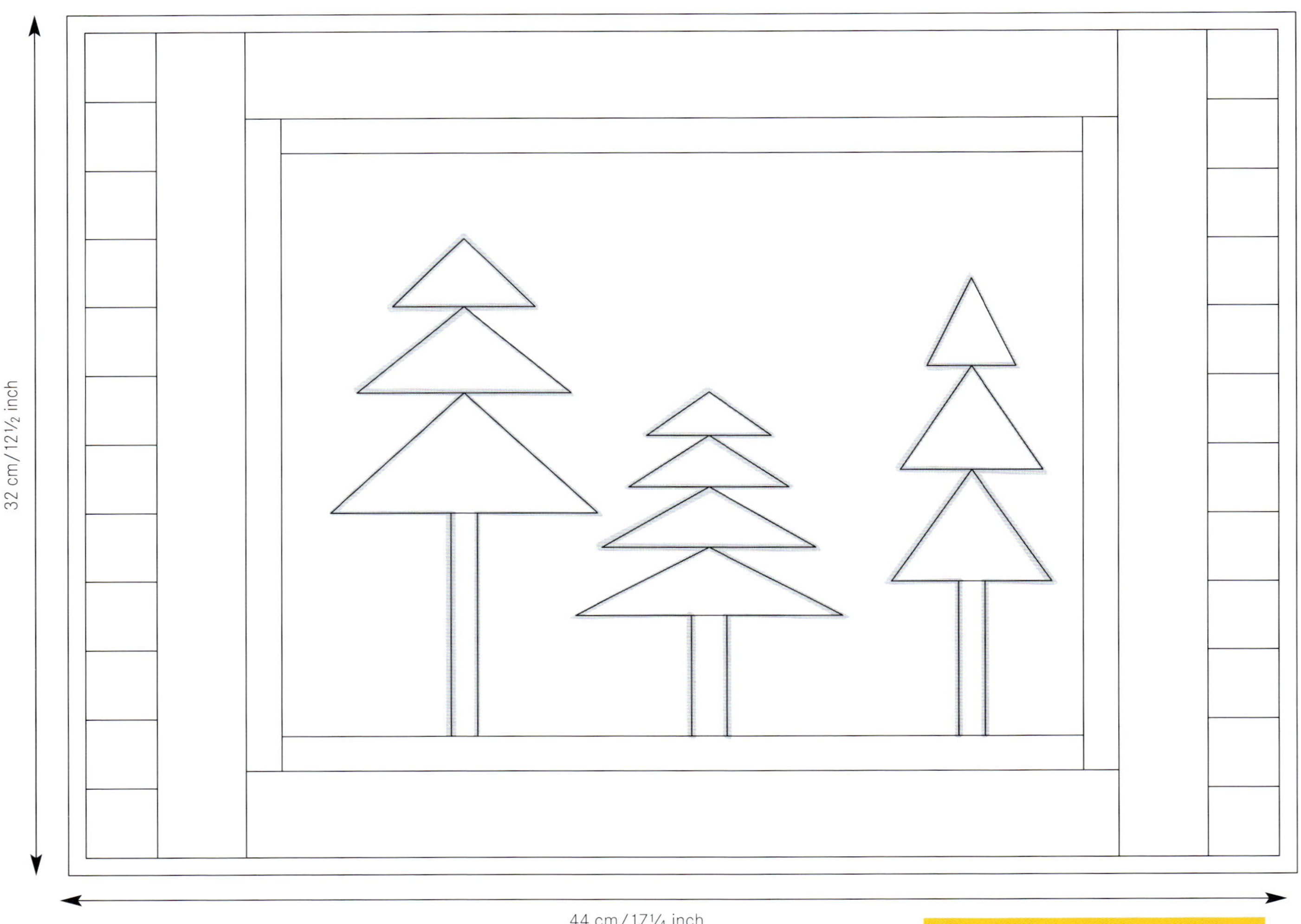

Auf 250 % vergrößern

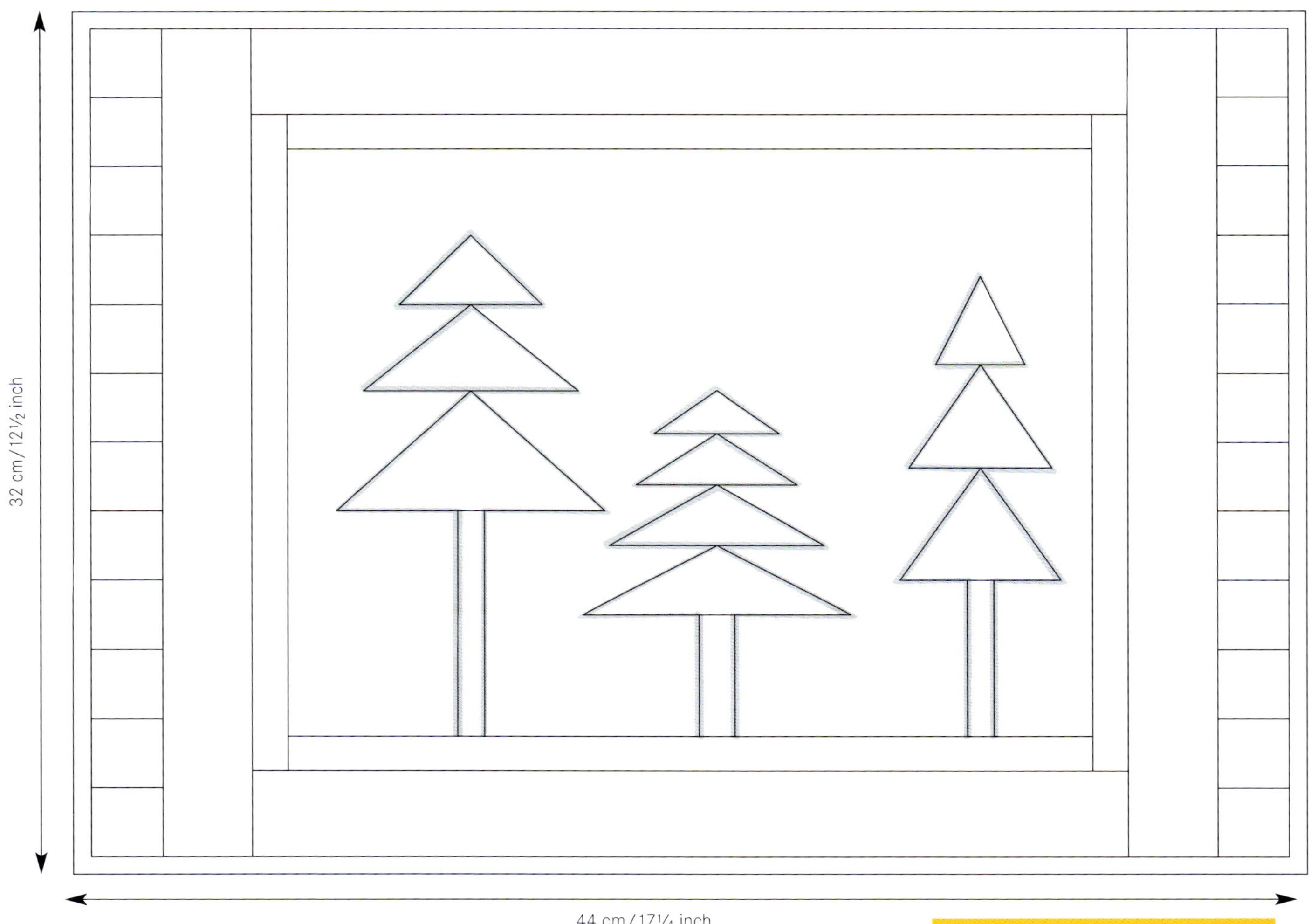

„Wald im Sternenlicht“ – Eine Weste

Verschönern Sie eine gekaufte Weste mit ein paar Bäumen aus dem Kapitel „Freude schenken“.

Sie brauchen:

- gekaufte Weste
- Stoffreste in leuchtenden Farben, gemustert oder uni
- Haftvlies
- Vielfarbiges Garn
- Goldene Textilfarbe

Arbeitsanleitung für die Weste

1. Die Musterteile auf Haftvlies übertragen und auf die Stoffreste kleben, die Sie für die Bäume ausgesucht haben.
2. Die Baumformen auf die Weste kleben.
3. Mit vielfarbigem Garn die Formen mit der Maschine auf den Hintergrund applizieren.
4. Mit Textilfarben Einzelheiten und Umrisse hinzufügen.

Besticktes Oberteil „Lieber Weihnachtsmann“

Ein wunderbares und ganz einfaches Geschenk: Verschönern Sie ein gekauftes Oberteil mit einem gestickten Laurel Burch Weihnachtsdesign wie z. B. diesem farbenfrohen Weihnachtskater.

Sie brauchen:

- Gekaufter Rollkragenpulli, Hemd oder Bluse
- Fertigpackung Studio Bernina Fantastic Felines Embroidery
- Polyesterstickgarn Stärke 40
- Nähmaschine mit Stickmodul

Nähtips für das Oberteil „Lieber Weihnachtsmann“

1. Überprüfen Sie die Garnfarben, die für das Stickmuster, z. B. „Dear Santa“, empfohlen werden. Sie können die Garnfarben nach Wunsch ändern.
2. Vorsichtig die Stelle auf dem Oberteil markieren, die Sie besticken wollen.
3. Folgen Sie der Bedienungsanleitung Ihrer Nähmaschine, wie der Stickrahmen eingesetzt und welches Vlies zur Verstärkung für den Stoff des Oberteils empfohlen wird. Viel Spaß!

dear Santa

Tasche „Lieber Weihnachtsmann“

Fertigmaß: 25 x 32 cm / 10 x 12½ inch

Maschinenapplikation, gequiltet und verziert von Lyda McAuliff, Pleasanton, California/USA, 2003.
Die Stoffe sind ein großzügiges Geschenk von Marcus Brothers.

Sie brauchen:

- eine unfertige oder eine gekaufte Stofftasche (Überprüfen Sie zuerst die Maße, wo die Außentasche hinpassen soll, und planen dann den Rand je nach Bedarf breiter oder schmaler.)
- Schwarz: 30 cm / ⅓ yard für den Hintergrund
- Baumwoll-Lamé in Gold: Reste
- Batik- und bunte Stoffe: Reste in Bläulich-Rot, Blau, Violett, Rot, Weiß, Grün, Orange, Braun und Schwarz
- Vlies: 30 x 35 cm / 11 x 13½ inch
- Rückseite: 35 cm / ⅜ yard
- Haftvlies: 25 cm / ¼ yard
- Garn für Zierstickerei: Gold und Schwarz
- Goldene Flechtborte, 0,32 cm / ⅛ inch breit: 140 cm / 1½ yard
- Textilfarbe für die Augen: Braun
- Textilfarbe mit Plustereffekt: Gold und Rot
- Schwarzer Stoffmalstift

Zuschneiden:

Lesen Sie „Tips & Techniken für Applikation und Verzierung“ auf Seite 72, bevor Sie ein Projekt beginnen.

Schwarz: 1 Rechteck 20,5 x 28 cm / 8 x 11 inch groß für den Hintergrund.
Baumwoll-Lamé in Gold: 2 Streifen 2,9 x 31 cm / 1⅛ x 12⅛ inch groß für den äußeren Rand.
1 Streifen 2,5 x 27 cm / ⅞ x 10½ inch groß für den äußeren oberen Rand.
1 Streifen 2,75 x 27 cm / 1 x 10½ inch groß für den äußeren unteren Rand.
Blau: 2 Streifen 3 x 28 cm / 1⅛ x 11 inch groß für den inneren seitlichen Rand.
Magenta: 1 Streifen 3 x 24 cm / 1⅛ x 9¼ inch groß für den inneren oberen Rand.
Grün: 1 Streifen 2,75 x 24 cm / 1 x 9¼ inch groß für den inneren unteren Rand.
Stoffe zum Applizieren: nach Bedarf.
Rückseite: 1 Rechteck 28 x 35 cm / 11 x 13½ inch groß.

Nähtips für die Tasche „Lieber Weihnachtsmann“

1. Die Vorlage auf Seite 67 ist die Originalgröße und kann unverändert für die Außentasche übernommen werden. Lesen Sie die Anleitungen zum Applizieren mit Haftvlies auf Seite 73.
2. Schützen Sie Ihre Arbeitsfläche, bevor Sie mit dem Malen beginnen. Malen Sie, bevor Sie die Motive auf den Hintergrundstoff kleben. Die Farbe gut trocknen lassen.
3. Die Motive auf den Hintergrund kleben. Mit Ziergarnen nähen Sie die Formen auf den schwarzen Hintergrund. Das Muster mit weiteren Dekorstichen und Textilfarben und Stoffmalstiften verzieren.
4. Mit der goldenen Flechtborte die Worte „Dear Santa“ auf den Hintergrund legen und aufnähen.
5. Setzen Sie die Tasche wie in der Abbildung auf Seite 64 zusammen und plätten dabei die Nahtzugaben zum Rand.

Wenn die Vortasche an eine noch nicht fertig genähte Tasche angefügt werden soll, richten Sie sich bitte nach der folgenden Anleitung:

1. Die applizierte Außentasche zurechtschneiden, so daß die Ecken rechtwinklig sind.
2. Legen Sie die Rückseite rechts auf rechts auf die Vorderseite der Außentasche. Das Vlies auf die Rückseite auflegen. Rückseite und Vlies auf die Größe der Vorderseite der Außentasche zurechtschneiden.
3. Nähen Sie quer über die Oberkante und die Unterkante der Tasche, durch alle drei Lagen. Die Säume beschneiden und die Rückseite mit Vlies nach außen wenden, so daß das Vlies zwischen Vorder- und Rückseite der Außentasche liegt. Plätten.
4. Die Rückseite mit Vlies und die Vorderseite der Außentasche an den Seiten zusammenheften.
5. Quilten Sie mit Ziergarn mit der Maschine in den Nähten zwischen dem Hintergrund und dem inneren Rand. Quilten Sie eine parallele Linie in den oberen äußeren Rand.
6. Die Außentasche an die Vorderseite der Tragetasche stecken. Nähen Sie mit Ziergarn zwei parallele Linien in den unteren äußeren Rand der Außentasche und befestigen sie damit an der Tragetasche.
7. Die Taschenhenkel über die Seiten der Außentasche führen und festnähen, um damit die offenen Seiten zu schließen und zu verdecken.

Wenn die Vortasche an eine fertig genähte Tragetasche angefügt werden soll, richten Sie sich bitte nach der folgenden Anleitung:

1. Die applizierte Außentasche zurechtschneiden, so daß die Ecken rechtwinklig sind.
2. Legen Sie die Rückseite rechts auf rechts auf die Vorderseite der Außentasche. Das Vlies auf die Rückseite auflegen. Rückseite und Vlies auf die Größe der Vorderseite der Außentasche zurechtschneiden.
3. Im Abstand von 0,65 cm/ $\frac{1}{4}$ inch von der Kante um alle vier Seiten herum nähen und nur eine kleine Öffnung am unteren Rand zum Wenden offen lassen. Die Tasche wenden und die Öffnung zunähen.
4. Mit Ziergarn zwischen dem Hintergrund des Designs und dem inneren Rand in der Naht quilten, ebenso eine parallele Linie in den oberen und zwei parallele Linien in den unteren Rand.
5. Die Außentasche auf die Tragetasche nähen.

dear Santa

Filzbogen „Auf den Flügeln einer Taube“

Fertigmaß: ungefähr 69 x 36 cm/27 x 14 inch

Von Lynn Koolish, Berkeley, California/USA, 2003.
Der Filz ist ein großzügiges Geschenk von National Nonwovens.

Sie brauchen:

- Dunkelgrüner Filz: 95 cm/1 yard für die Bögen der Kranzbasis, besorgen Sie ein Bündel Tannenzweige
- Hellgrüner Filz: 25 cm/¼ yard für die Ilexblätter
- Blauroter Filz: 25 cm/¼ yard
- Orangefarbener Filz: ein Quadrat 15 x 15 cm/6 x 6 inch groß
- Filz in Rotorange: ein Rechteck 13 x 20,5 cm/5 x 8 inch groß
- 12 rote Knöpfe mit einem Durchmesser von 1,25 cm/½ inch
- Füllwatte
- Haftvlies: 95 cm/1 yard
- Garn für Zierstickerei: Gold und Grün
- Textilfarbe: Rot, Gelb, Blau, Violett, Gold und Schwarz
- Textilkleber oder Klebepistole
- Dekorative Kordel: 50 cm/½ yard

Zuschneiden:

Dunkelgrüner Filz: 2 Bögen als Kranzbasis und 8 halbe Ilexblätter
Hellgrüner Filz: 34 Ilexblätter und 8 halbe Ilexblätter

Blauroter Filz: 2 Vogelformen und größere Flügel
Orangefarbener Filz für den Schnabel und die mittleren Flügel
Filz in Rotorange für die oberen Flügel

So wird der Filzbogen „Auf den Flügeln einer Taube" gemacht

1. Die Vorlagen auf Seite 70 haben Originalgröße und können direkt als Schablone für Taube und Ilexblätter benutzt werden. Mit Hilfe der Bogenform und den Angaben für die Gesamtgröße stellen Sie einen Bogen für die Kranzbasis her. Bitte lesen Sie die Anleitungen für Applikation mit Haftvlies auf den Seiten 72–73. Übertragen Sie alle Musterteile auf das Haftvlies.
2. Schützen Sie Ihre Arbeitsfläche, bevor Sie mit dem Malen beginnen. Malen Sie, bevor Sie die Applikationsformen auf den Hintergrundstoff kleben. Die Farbe gut trocknen lassen.
3. Beide Bogenhälften links auf links zusammenstecken und 0,38 cm/⅛ inch von der Kante entfernt mit grünem Garn zusammennähen. Eine Füllöffnung lassen.
4. Die Kranzbasis fest mit Füllwatte stopfen. Die Naht schließen.
5. 26 hellgrüne Ilexblätter mit Haftvlies zu insgesamt 13 Ilexblättern zusammenkleben.
6. Für die zweifarbigen Ilexblätter kleben Sie mit Haftvlies eine hellgrüne Blatthälfte mit einer dunkelgrünen Blatthälfte zusammen auf ein dunkelgrünes Blatt. 8 zweifarbige Blätter arbeiten.
7. Jedes Blatt mit metallischem Garn im Abstand von 0,3 cm/⅛ inch vom Blattrand absteppen und Blattadern nähen.
8. Jedes Blatt mit Handstichen auf den Ilexbogen nähen.
9. Die beiden Vogelformen mit Haftvlies links auf links zusammenkleben. Eine Seite mit Textilfarben verzieren.
10. Im Abstand von 0,3 cm/⅛ inch von der Kante aufnähen, und parallele Linien auf die Schwanzfedern nähen.
11. Den Vogel mit Textilkleber zusammenbauen.
12. Den Vogel per Hand auf den Ilexbogen nähen.
13. Knöpfe in Trauben so auf den Bogen nähen, damit sie wie Ilexbeeren aussehen.
14. Finden Sie den Gleichgewichtspunkt und nähen die dekorative Kordel als Schlaufe fest.

Auf den Flügeln einer Taube

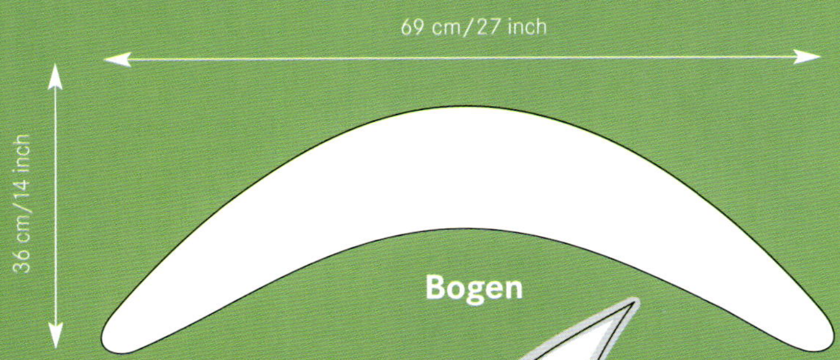

Der Zauber der Weihnachtszeit wird glitzern und glänzen
Möge jedes Herz erstrahlen unter Sonne, Mond und Sternen
Haben Sie einen himmlischen Urlaub.
Möge Ihre Weihnachtszeit selig sein.

THE MAGIC OF THE SEASON WILL SPARKLE AND SHINE
MAY EVERY HEART GLOW UNDER THE SUN·MOON·AND STARS
MAY YOUR SEASON BE CELESTIAL!!!!
HAVE A HEAVENLY HOLIDAY!
Laurel Burch

Tips & Techniken für Applikation und Verzierung

Stoffauswahl

Alle Projekte in diesem Buch sind aus 100%iger Baumwolle oder Filz gearbeitet. Diese Stoffe kann man überall kaufen, und die meisten Kunden arbeiten sehr gerne damit. Wir empfehlen Batiks, marmorierte Stoffe, selbstgefärbte Stoffe, abstrakt kleingemusterte Stoffe, geometrisch gemusterte Stoffe und Unis.

Applikationen

Hand-Applikation

Bei fast allen Projekten in diesem Buch kann die traditionelle Technik des Applizierens mit eingeschlagener Nahtzugabe angewendet werden. Wenn Sie auch am liebsten mit der Hand applizieren, müssen Sie bei allen Mustervorlagen eine Nahtzugabe von 0,3 bis 0,65 cm/⅛ bis ¼ inch um die ganze Form zugeben.

Maschinen-Applikation

Die überwiegende Mehrheit der Projekte in diesem Buch wird mit Maschinenapplikation gearbeitet. Lesen Sie alle Anleitungen sorgfältig, bevor Sie mit einem Projekt beginnen. Vor Arbeitsbeginn müssen Vorlagen vergrößert werden. Die Vorlagen für „Friedensmond" und „Gesegnetes Dorf" auf dem Musterbogen können ohne Vergrößerung direkt benutzt werden. Im Kopierladen vergrößert man Ihnen alle Vorlagen auf die angegebene Prozentzahl. Manchmal müssen die Vorlagen in zwei Schritten vergrößert werden, um auf die angegebene Vergrößerung zu kommen, das kostet ein bißchen mehr.

Hinweis: Obwohl die Vergrößerung in den Prozenten angegeben wird, die wir bei der Herstellung der Projekte benutzt haben, können Sie Ihr Projekt größer oder kleiner machen, indem Sie den Faktor verändern.

Applizieren leicht gemacht

Wenn Sie die grauen Linien einer Vorlage mit Bleistift oder feinem Filzstift auf den Hintergrundstoff übertragen, können Sie die Motive besser plazieren.

Wenn Sie einen Lichtkasten oder ein helles Fenster haben, lassen sich die Umrißlinien auch leicht übertragen. Man kann auch immer wieder den Hintergrundstoff direkt auf die Vorlage legen und die Motive positionieren. Wenn Sie mit einem hellen Hintergrundstoff arbeiten, ist es möglich, fast alle Umrißlinien ohne Lichtkasten zu sehen. Wenn Sie einen dunkleren Stoff für den Hintergrund gewählt haben, können Sie die wichtigsten Linien mit Schneiderkopierpapier und Kopierrädchen übertragen.

Betrachten Sie die Vorlage gründlich und planen Sie, in welcher Reihenfolge die Teile übereinander gelegt werden sollen.

Arbeiten Sie von unten nach oben durch die Stoffschichten und überlegen dabei, welche Teile unter anderen Teile liegen. Mein Vorschlag: Machen Sie eine Fotokopie des Musters und notieren sich darauf die Reihenfolge der Stofflagen. Bei Überschneidungen legen Sie dunklere Teile über hellere; wenn eine hellere Farbe über eine dunkle gelegt wird, sieht man den „Schatten" des dunkleren Stoffs. Beim Ausschneiden der Motive ist es sinnvoll, die Überschneidungspunkte zu markieren.

Wenn Sie gerne planen, stellen Sie sich einen „Stoffschlüssel" zusammen, der Ihnen hilft, sich zu erinnern, wo Sie die verschiedenen Stoffe einsetzen wollen. Kleben Sie für jedes Teil ein kleines Stoffrestchen auf die Kopie der Vorlage.

Laurels Quilts bieten eine wunderbare Gelegenheit, Ihre Lieblingsstoffe zu verwenden.

Muster übertragen

Übertragen Sie die Musterteile mit einem Filzstift auf die rauhe Seite (nicht die Papierseite) eines Haftvlieses mit Trägerpapier (z.B. Steam-a-Seam).
Achtung: Wenn Sie lieber auf der Papierseite des Haftvlieses zeichnen wollen, übertragen Sie die Zeichnung seitenverkehrt. Machen Sie im Kopierladen eine seitenverkehrte Kopie.

Bei Teilen, die unter ein anderes gesteckt werden, geben Sie eine Nahtzugabe von mindestens 0,65 cm / ¼ inch zu. Um überflüssige Materialmengen bei größeren Teilen zu vermeiden, können Sie das Innere des Motivs vor dem Kleben wegschneiden und nur einen 1,25 cm / ½ inch breiten Rand lassen. (Das ausgeschnittene Haftvlies kann für kleinere Formen verwendet werden.)
Kleben Sie das Haftvlies auf die Rückseite des Stoffs. Beim Aufkleben halten Sie sich genau an die Vorschrift des Herstellers. Markieren Sie die Kanten, die unter einem anderen Stoff liegen. Sie können entweder alle Teile auf einmal aufbringen und Lücken nach Bedarf ausfüllen, oder arbeiten Sie Schritt für Schritt. Achtung: An manchen Stellen, wo Formen in den Rand oder auf benachbarte Blöcke reichen, muß das Trägerpapier am Haftvlies bleiben und der Abschnitt aus dem Weg gesteckt werden. Diese Stellen werden erst geklebt, wenn das Top zusammengenäht ist.

Wenn die Teile genäht sind, die übereinander liegen, schneiden Sie die untere Stofflage zurück, damit sich nicht unnötig dicke Stofflagen aufbauen. Achten Sie darauf, daß nicht mehr als zwei Stoffe übereinander liegen.
Nähen oder Malen ist leichter, wenn Sie Details wie Schnurrhaare, Blattadern, Blütenblätter und ähnliches mit Bleistift oder feinem Filzstift auf den Stoff zeichnen.
Das Muster übertragen Sie am besten auf einem Lichtkasten. Alternativ bauen Sie sich aus einer Glas- oder Plastikscheibe und einer Glühbirne darunter einen „Lichtkasten" für kleine Flächen. Sie können auch einen Nähmaschinen-Anschiebetisch aus Plexiglas benutzen, wenn Sie einen haben. Oder Sie fixieren die Vorlage mit Klebefilm an ein großes Fenster und fixieren den Hintergrundstoff mit Kreppband.

Malen und zeichnen

Achtung: Die dicken grauen Linien auf allen Vorlagen sind Verzierungsdetails, die mit Farbe, Stickerei oder Perlen ausgeführt werden.

Gemalte Verzierungen tragen Sie auf die Motive auf, bevor sie ausgeschnitten und auf das Quilttop geklebt werden, ODER Sie malen, nachdem alle Formen auf den Hintergrund geklebt sind. Mit dem Malen der kleineren Details auf den Hintergrund, wie beim Sternenhimmel vom „Friedensmond", warten Sie, bis der Quilt fertig ist.

Drucken

Stempel kann man kaufen oder aus Moosgummi oder Radiergummi selbst schneiden. Ein Radiergummi am Bleistiftende eignet sich vorzüglich für Punkte; für größere Punkte taugt einen dicker Bleistift.

Susan Hagen aus Walnut Creek gibt Stoffdruck-Kurse und hat Tips für Sie:

1. Die Stempelfläche eines neuen Stoffstempels (nicht bei Stempeln für Papier) rauht man vor Gebrauch am besten mit Sandpapier auf.
2. Die Flasche mit der Textilfarbe vor Gebrauch schütteln und mit der Spitze eines Schaumstoffpinsels Farbe aus dem Deckel aufnehmen. So brauchen Sie keine Palette für die verschiedenen Farben, und der Pinsel saugt sich nicht ganz mit Farbe voll.
3. Eine dünne Farbschicht auf den Stempel „auftupfen".

Tip zum Plätten

Verwenden Sie ein Bügeltuch mit Antihaftbeschichtung, damit Bügeleisen und Bügelbrett sauber bleiben. Falls etwas Kleber vom Haftvlies an Ihr Bügeleisen kommt, reinigen Sie es mit Bügeleisen-Reiniger bevor Sie weiterarbeiten, damit der Kleber nicht auf Ihre Arbeit gerät.

4. Unterlegen Sie Ihre Arbeitsfläche mit Pappe oder mehreren Lagen Stoff, um einen guten Stempelabdruck zu erhalten.
5. Drücken Sie den Stempel fest auf den Stoff und wechseln vorsichtig den Druckpunkt, damit das ganze Stempelbild übertragen wird.
6. Wenn zu viel Farbe auf den Stempel gekommen ist, wischen Sie den Überschuß mit einem Wattestäbchen ab. Kleine Details mit einem Zahnstocher beseitigen.
7. Die Farbe nach Anweisung des Herstellers fixieren.
8. Stempel lassen sich gut unter fließendem Wasser mit einer Nagelbürste oder einer alten Zahnbürste reinigen.

Probieren Sie verschiedene Stempeltypen aus: Schwammstempel, Moosgummistempel und härtere Gummistempel. Jeder ergibt einen anderen Abdruck; testen sie alle, um den geeigneten zu finden.

Mit dem Pinsel malen

Pinsel mit feiner Spitze eignen sich besonders gut zum Malen von Linien, Spiralen, kleinen Punkten und anderen dekorativen Formen. Als Palette dient ein Teller oder andere flache Oberflächen. Üben Sie auf einem Stoffrest.

Mit dem Schwamm malen

Vielleicht wollen Sie bestimmte Flächen dünn mit Farbe übermalen oder eine Farbe in die nächste übergehen lassen. Mit einem Naturschwamm und deckenden Textilfarben, wie sie auf Seite 75 aufgelistet sind, klappt das. Mit leichter Hand tragen Sie die Farbe vorsichtig mit dem Schwamm auf. Wie für andere Malarbeiten benutzen Sie als Palette einen Teller oder ähnliches, drücken den Schwamm aus, bevor Sie den Stoff bemalen und probieren so lange auf Stoffresten, bis Sie den gewünschten Effekt erzielen.

Stoffmalstifte

(matte und metallische Farben)
Mit Stoffmalstiften kann man Einzelheiten wie Schnurrhaare aufmalen oder dekorative Formen hinzufügen. Sie sind auch vorzüglich für Umrißlinien geeignet. Üben Sie auf einem Rest von dem Stoff, auf dem Sie malen wollen, um sicher zu gehen, daß die Tinte nicht ausläuft und farbecht ist.

Buntstifte

Mit normalen Buntstiften oder Aquarellstiften kann man Flächen heller oder dunkler übermalen, wenn das Projekt nicht gewaschen wird.

Hinweise zum Malen und Zeichnen

Malen oder zeichnen Sie auf dem Stoff, bevor Sie ihn auf Ihr Projekt aufnähen, dann müssen Sie keine Angst vor Fehlern haben. Verzieren Sie eine größere Fläche, als Sie eigentlich brauchen, damit Sie den am besten gelungenen Teil des verzierten Stoffs aussuchen können.
Wenn Sie nicht gern frei Hand malen oder zeichnen und einen Lichtkasten (oder einen Hilfs-Lichtkasten) haben, legen Sie Ihren Stoff direkt über die Papiervorlage. Jetzt können Sie Linien und Muster erkennen und danach malen

Mit dem Schwamm aufgetragene Farbe kann Ihrem Stoff Farbe, Struktur und Tiefe geben.

und zeichnen. (Dies wird mit sehr dunklen Hintergrundstoffen nicht möglich sein.)
Wenn Sie eine helle Farbe auf einen dunklen Stoff auftragen wollen, nehmen Sie deckende Farben. Man kann auch die Form erst mit Deckweiß ausmalen, trocknen lassen und dann die endgültige Farbe über das Weiß auftragen.
Bei schwarz-weißen Stoffen (besonders bei geometrisch gemusterten) kann man die weißen Flächen gut mit Farben, Wachsstiften oder Buntstiften ausmalen, um dem Ganzen eine persönliche Note zu geben.

Nähen

Die Umsetzung von Laurel Burchs künstlerischen Gestaltungen gibt Ihnen Gelegenheit, alle Dekorstiche auszuprobieren, die Ihre Nähmaschine bietet, und wenn Sie eine Stickmaschine haben, können Sie sogar neue Stiche erfinden. Probieren Sie immer alles auf Stoffresten aus, bevor Sie an Ihr Projekt gehen. Legen Sie beim Sticken immer Stabilisatoren unter, um „Maulwurfshaufen" und „Tunnel" zu vermeiden, die bei engem Zickzackstich oder dichten Stickstichen auftreten können. Es gibt Stickvliese, die man wegschneiden oder abreißen kann, oder arbeiten Sie mit Fixierstickvlies. Denken Sie daran, das Trägermaterial nach dem Sticken zu entfernen.
Wo Stoffe in mehreren Lagen sind, näht man die Zierstickerei am besten auf die einzelnen Motive, bevor sie auf den Hintergrund aufgebracht werden. So kann man z. B. Gesichtszüge mit Zickzackstich arbeiten, bevor das ganze Gesicht auf den Hintergrund geklebt wird.

Farben

Arbeiten Sie mit Farbe, die gebügelt werden kann. Einige „Plusterfarben" schmelzen unter dem heißen Bügeleisen und bleiben daran kleben. Wenn Sie mit „Plusterfarben" arbeiten wollen, tragen Sie diese zuletzt auf, nachdem das Haftvlies aufgebracht und alles geplättet ist. Lassen Sie die Farben völlig trocknen und fixieren sie nach Gebrauchsanweisung (mit Ausnahme der „Plusterfarben"). Manche Farben kommen aus Flaschen mit Dosierspitze, so daß man mit der Farbe direkt aus der Flasche malen kann.

Unter anderem wurden folgende Farben für die Projekte verwendet:

- **Lumiere™ Textilfarbe** (metallisch)
- **Setacolor® Textilfarben** (erhältlich in transparent, deckend und Perlmutt)
- **Textilfarben von Plaid** (erhältlich in transparent, metallisch, glänzend/glitzernd)
- **Jacquard® Traditionelle Farben** (erhältlich in transparent, deckend und metallisch)
- **Deka® Permanent Stoffarben** (erhältlich in deckend, Perlmutt und metallisch)
- **Versatex Textilfarben** (erhältlich in transparent, deckend, Perlmutt und metallisch)
- **Neopaque™ Textilfarbe** (deckend)
- **Acclaim Fabri-Tex ist ein Malmedium, das jede Farbe auf Wasserbasis für Arbeiten auf Stoff geeignet macht. Es macht getrocknete gemalte Flächen geschmeidig und erhöht die Farbhaftung, wenn sie mit heißem Bügeleisen fixiert wird.**

Satinstich

- Falls Sie noch nicht so oft mit Zickzackstich gearbeitet haben, üben Sie auf einem Stoffrest – vielleicht müssen Sie die Oberfadenspannung ändern.
- Manche Stickerinnen arbeiten mit vorgespultem Unterfaden und lockern die Oberfadenspannung, damit der Unterfaden nicht auf der Oberfläche zu sehen ist. „Bobbin" gibt es auf großen Rollen oder vorgespult im Handel, in Schwarz oder Weiß. Der Vorteil liegt darin, daß die Rückseite des Musters nicht unnötig dick wird.
- Es ist empfehlenswert, mit einem offenen Stickfuß zu arbeiten, weil Sie genau sehen können, wo die Nadel einsticht. Auf den Fotos unten sehen Sie einen offenen Stickfuß.
- Achten Sie darauf, daß die Stichbreite groß genug ist, um die Schnittkanten des Stoffs zu bedecken, und daß die Stiche so dicht sind, wie Sie es haben wollen. (Zu dicht gesetzte Stiche verursachen Buckel, die erwähnten Maulwurfshügel, während zu dünn gearbeitete Stiche unruhig aussehen.)
- Für mehr Abwechslung experimentieren Sie mit verschiedenen Stichbreiten. Um es noch interessanter zu gestalten, verändern Sie die Stichbreite beim Nähen – lassen Sie z. B. die Stichbreite auf dem Weg zur Blattspitze immer kleiner werden, oder verbreitern Sie die Stichbreite für dekorative Keilformen.

Auf dem Punkt drehen

Stellen Sie den Nadelstop auf „unten" zum Anhalten und Auf-dem-Punkt-drehen, wenn Sie enge Kurven oder um die Ecke nähen wollen. Der Schlüssel zu erfolgreichem Auf-dem-Punkt-drehen liegt darin, daß man bei Nahtende weiß, wo der nächste Stich liegt, und die Nadel in genau der Position einsticht, von dem aus das möglich ist.
Bei einer Ecke oder einer Kurve z. B. halten Sie an, wenn die Nadel in der äußeren Stichkante im Stoff steckt, heben den Nähfuß und drehen den Stoff. Wenn Sie nun weiter nähen, steckt die Nadel an der Außenkante der neuen Nahtlinie. Auf diese Weise können Sie über die letzten Stiche nähen, so daß eine saubere Ecke oder Kurve entsteht. Wenn Sie in Kurven die Richtung wechseln wollen, wird die Kurve viel glatter, wenn Sie nicht nur einen, sondern mehrere Drehpunkte einbauen.

Anfang und Ende einer Naht

Nahtbeginn: Sichern Sie die ersten Stiche. Ziehen Sie die Fäden zur Oberfläche, verknoten sie und nähen einige Stiche über die Fadenenden. Abschneiden. Man kann auch mehrere Stiche auf der Stelle nähen und dann die Naht beginnen.

Nahtende: Ziehen Sie den Oberfaden zur Rückseite, verknoten ihn und schneiden ihn ab.
Gute Satinnähte sind nicht ganz einfach, man braucht Zeit und Übung. Entspannen Sie sich, legen gute Musik auf und arbeiten in Ruhe und mit Genuß!

Quilten mit der Maschine

Quilten Sie Umrißlinien um die wichtigsten Motive oder Teile, damit alles flach liegt und befestigt ist; dafür können Sie durchsichtiges oder buntes Garn nehmen. Fügen Sie weitere schmückende Quiltlinien nach Belieben hinzu. Die Projekte in diesem Buch wurden minimal gequiltet, um nicht vom Design abzulenken.

Gerade Nähte

Einige Details, wie z. B. Blattadern oder Schnurrhaare, kann man mit geraden Nahtlinien einfügen.
Dickeres Baumwollgarn oder metallisches Garn trägt mehr auf als normales Nähgarn.

Feston- oder Languettenstich

Alternativ zum Zickzackstich kann man auch Festonstiche einsetzen. Dann entsteht aber nicht der gleiche grafische Effekt deutlicher Umrißlinien, wie er bei den meisten der Quilts im Buch erzielt wurde. Sie können die Umrisse auch mit Farbstift oder schwarzem Filzstift verstärken, wenn Sie sich für den Festonstich entscheiden.

Dekorstiche

Wenn Ihre Nähmaschine sticken kann, haben Sie jetzt die Möglichkeit, die unterschiedlichsten Stickstiche auszuprobieren, vor allem geometrische – Kreise, Dreiecke, Keile oder Quadrate.

Punktdrehen mit versenkter Nadel in einer Innenkante

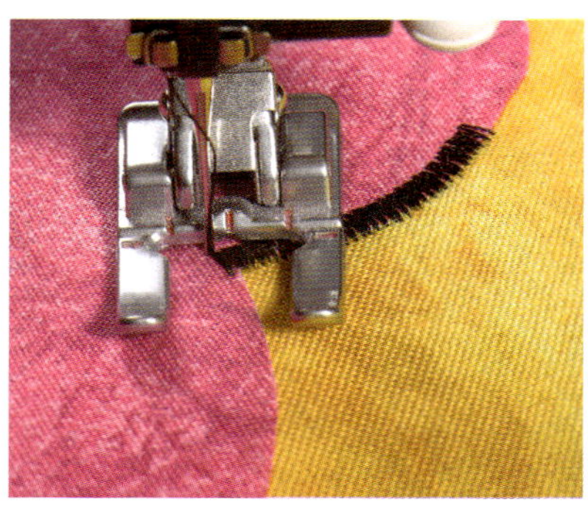

Punktdrehen mit versenkter Nadel in einer Außenecke oder kurve.

Man kann die ersten Stiche sichern, indem man die Fäden zur Oberfläche zieht, verknotet und über die Enden näht.

Wenn Sie ehrgeizig sind und eine Stickmaschine mit Software haben, können Sie auch für Ihr Projekt eigene Dekorstiche entwerfen.

Details mit Geradstich-Nähten

Garne

Neben unterschiedlichen Stickstichen können Sie auch verschiedene Stickgarne verarbeiten. Baumwollgarn ist gut, aber wir empfehlen Viskosegarne und metallische Garne für den besonderen Glanz dieser Projekte. Normalerweise haben wir Viskoseglanzgarn und metallisches Garn Stärke 40 verwendet.

Garne für Geradstich

Gerade Nähte mit dickem Baumwollgarn kann man sehr effektvoll für schmückende Umrißlinien und Details einsetzen. Quilten Sie mit 100%igem Baumwollgarn (normal oder extra stark) oder synthetischem Garn (Nylon oder Polyester).

Garn für Handnähte

Mit der Hand applizieren Sie am besten mit Baumwoll- oder Seidengarn. Dekorative Stickereien kann man mit allen möglichen Garnen arbeiten: Baumwollgarn in verschiedenen Stärken, Sticktwist, Perlgarn, metallische Garne und Viskosegarne.

Nähnadeln

Wählen Sie die passende Nadel für die jeweilige Anwendung:

- Stick-, Viskosegarn: Sticknadeln oder Nadeln für Viskosegarn
- Metallisches Garn: Nadeln für metallische Garne
- Nylongarn: richten Sie die Stärke der Nadel nach der Fadenstärke
- Quilten mit der Hand: halblange Nadeln (betweens) Nr. 8 (länger) bis Nr. 12 (kürzer).
- Applizieren mit der Hand: normale Nähnadeln Stärke 11.
- Quilten mit der Maschine: Stepp-/ Quiltnadel oder Jeansnadel

Sichern Sie die Schnittkanten mit Knopflochstich für ein gelungenes Aussehen.

Dekorative Nähmaschinenstiche

Verwenden Sie je nach Bedarf und Art der auszuführenden Naht die passende Nadel/Faden. Zum Dekorieren gibt es alle möglichen Sorten Perlen, Knöpfe und Pailletten.

Verzieren

Perlen, Pailletten, Knöpfe und alle möglichen Verzierungen können angenäht oder aufgeklebt werden.

Vlies

Bei den verschiedenen Projekten sind unterschiedliche Volumenvliese eingesetzt. Dünne Vliese aus Baumwolle, Polyester oder Baumwoll-Polyester-Gemische.

Index

Laurel Burch begann Ende der sechziger Jahre im Haight-Ashbury Distrikt von San Francisco Schmuck herzustellen und verkaufte ihre eigenen Entwürfe in den Straßen und Galerien vor Ort. Laurel ist eine international bekannte Künstlerin und Designerin und Inhaberin eines blühenden Unternehmens in Marin County.